ことり不動産代表
石岡茜

持ち家女子「はじめます

人生に「いいこと」が起こる おうちの買い方

飛鳥新社

ガチャ
ふらふら
ギィー
あ〜〜…
どよ〜ん…
30歳の誕生日を前にしてフラれてしまった…
なんで？私の何が悪かった？
ガバッ
見た目磨きも頑張ってる（はず）
仕事も頑張ってるつもり（感は出してる）
同い年のカレと付き合って結婚目前♡
あとは養ってもらって幸せライフ…
（理想）

涙でメイクとれた…
と思ってたのに…
元カレも私の良さをわかってくれない
上司も仕事を認めてくれないし
両親は早く結婚しろってうるさいし…
……
(現実…)
はあ
ゴロン
そもそも私って…
どんな人生を望んでたんだっけ…
めいこの妄想は広がる…
素敵なリビングであたたかい日ざしをあびながら
優しい旦那さんとゆっくりコーヒータイム
心落ち着く空間が私を包み込む
ペットなんか飼っちゃったりして
他にも、海外旅行に行ったり美味しい食事をしたり…♡

めいこの妄想タイム
パンッ
はっ
って言っても現実はこれ…
彼氏にフラれたばかり…
仕事はミス続き
お家は日当たり最悪
在宅勤務も始まって部屋はカオス…
なんか、私…もしかしたらパッとしない感じ…？
暮らし‼毎日住むお家が大事なのに
のそのそ…
こんなとこ住んでたらなんかダメな気がするよな…
そりゃ幸せも舞い込んでこないよ…
よし！
決めた！引っ越そう‼
次こそは幸せを呼び込むお家にしたい…‼
あれっ でもそれって どうやって探せばいいんだ⁉

幸せを呼び込むお家??
それなら
次は借りるじゃなくて買うっぴよ
「持ち家女子」になればいいっぴ!
・・
フフン
・・・
・・・
ギャ〜〜〜
え!? だれ!?
え、買う!?
持ち家女子って何!!?

お家探しって借りるだけじゃないっぴよ
お家を自分で持つといろんな可能性が生まれる！
！
ってか誰…
どういうことかというと…
例えば
お家を借りてるときオーナーさんに払ってた家賃
払って終わり。
たかい。
オーナー
あたしのもの♡
それを自分のお家の費用に当てられるっぴ
そして
自分の好きな空間にカスタマイズも…！
クローゼットを趣味や仕事スペースにリフォーム
押
入
好きな色のクロスにはりかえたり♡
キャットウォークをつけてみたり

パートナーができたときには一緒にそこで暮らせるし
シングルライフを楽しむにも
自分の居場所としてそのまま住みつづけられるよ
などなど…
賃貸だと借りてるだけだけどお家を持っていると可能性が広がるっぴ
へぇ…
考えたことなかった…買うと他にはどんな可能性があるの？
！
キラン
そしたらどこまでも広がる選択肢を一緒に見に行こうっぴ!!
ぴゅ〜ん
わわっ

家を買うことで広がる人生の選択肢

START

家を買うことにしました

お引っ越し検討中。新しい住まいは、買った方がいい？借りた方がいい？

独立

賃貸で家賃を支払っていくか、家を購入して資産形成を考えるか、どちらがライフプランにあっているか考えてみよう。

シングルライフ

シングルライフを楽しむ際にも一生住む場所があると心が軽くなります。

パートナー

パートナーができることで、女性のライフスタイルはガラッと変わることも。

同棲を考え始めたら、買った家で一緒に住むのも良し、貸し出して家賃収入を得ながら二人にあった違う場所を借りてもいいでしょう。

二人の将来が決まってない時は、賃貸がおすすめ

結婚

買った家は貸し出して、家族で過ごす広い家を旦那さんと一緒に買うも良し、売却して得た資金で買う選択肢もあります。

女性はライフステージの変化が多いから家があると変化の都度支えてくれるよ

しばらくは二人で
住むことに
（ex. 約 50 ㎡の広さ～）
広めの家を買う
（ex. 約 70 ㎡の広さ～）
出　産
二人でライフプランをすりあわせ、どんな暮らしを望み、どんな家があっているか話し合ってみましょう。
BABY
買った家を
貸し出す or 売却する
パートナーと
お別れした時や
離婚した時でも
おかえり！
別れ
買った家があると、別れた時でも帰る場所があります。
子どもの独立
買った家に子供が住む、
または子供へ資産を
残すという選択肢
も生まれます。
老　後
所有していた家は貸し出して、家賃収入を得ながら田舎暮らし。もしくはずっと住み続けることもできます。
暮らしをサポートして
くれるような家がある
と老後も心強いです。

ぴゅ〜〜ん
帰ってきたっぴ
いろんな道があるけど人生の選択肢を…
ちゃんと広げてくれるお家を選ばないとだめっぴ
ぴょん
シュタッ
どうだったっぴ？
お家って持ってるといろんな使い方ができるんだね！確かに落ち着いて他のことに集中もできそう
私も持ち家女子になってお家に幸せにしてもらえる⁉
すごい！
「幸せにしてもらう」は卒業！
これからの女性の生き方は「自分で幸せになる！」

この覚悟があると
お家が強い味方に
なってくれるよ
その覚悟が
できたならお家との
付き合い方を
教えるっぴ！
なるほど…
ってか
あなたは一体
どなた…？
申し
遅れた
っぴ
はじめまして
人生に悩める
女性の味方
ななぴと申しま
すっぴ
お家の幸せ
を届けに
きたっぴ
いまさら
だけど
しゃべるんだ…
登場人物 自己紹介
29歳 社会人7年目
人生に迷える芽衣子《めいこ》
人生に悩める
女性の味方
虹から生まれた
なないろ ななぴ

はじめに

5000人のお客さまに家をご案内してきて、確信していることがあります。

「家と向き合うと、人生が変わる」

という事実です。

女性が自分で家を持つメリットは、単に資産として不動産を持つ、ということではありません。**家を持つことで、幸せを自分で引き寄せる力を得ることができるのです。**

私はこれまで何人も、家を買ったことで人生が変わった女性たちを見てきました。

しかもその多くは、借りるつもりで部屋探しをしていたのに、最終的に購入に踏み切っ

た方たちです。

私が家探しで重視していることは、「自分と向き合いながら暮らしのイメージを描くこと」です。それが家にある幸せに気づく方法だからです。

家に求めるものは人それぞれ。そして予算にも限りがあります。人生のどこに優先順位をおくのかを、家探しを通じて真剣に考える必要が出てきます。

- 駅から家までの道のりのわくわく感を重視する?
- 家にいる時間を重視して、窓いっぱいに広がる緑をリビングからのぞむのんびり時間を重視する?
- 会社の近くを選び、その家に住むあいだは仕事に没頭する時間を過ごす?

家に求めることは、その人の人生の目的につながっていきます。

自分と向き合い、人生の優先順位を明確にしたうえで出会った家に住むと、考え方や生き方、そして人生までが大きく変わっていきます。自分に向き合った家探しをすることで「自分の心を見つめなおす居場所」を手に入れることができます。そんな居場所を手に入れることで人生に何が起きても、落ち着いて自分と向き合えるのです。

この本を手に取ってくださったみなさんには、そんな「持ち家女子」になって、人生を変える力を手にしてほしいと願っています。

「持ち家女子」なんてまだマイナーでしょ？

そう思われた方。

実は、平成26年に実施された総務省全国消費実態調査によると、**単身の持ち家率は、男性よりも女性のほうが2割近く高い**のです。

持ち家女子の方々は次のような特徴があります。

- 毎日帰ってきて自分の心が喜ぶ家を持っている
- 家選びを通じて、自分自身の人生を生きる覚悟が決まっている

他人に依存せずに、自分の力で自分を幸せにすると決めている

今あなたが住んでいる家は、あなたを元気にしてくれますか？
家に帰ってくると、迎えられているような、ほっとした気持ちになりますか？
リビングでのんびり過ごしていると、じんわりと幸せな気持ちになりますか？

そうではないと感じた方がいたら……住む場所を変える時期が訪れているのかもしれません。

自分の願ったものだけが詰まった家には強いパワーがみなぎっています。
その力を多くの方々に手に入れてほしいと願っています。

STEP 1

「将来の家」を考えると人生は動き出す

STEP 2

持ち家女子だけが手にする「いいこと」

STEP 3

理想の暮らしを妄想すると……

STEP 4 実際に家を探してみよう！

STEP 5
あなたを幸せにする家の選び方

STEP 6

家と一緒に自信を持って生きる

STEP 1

「将来の家」を考えると人生は動き出す

買うなんて発想自体なかった…
女性のお家探しは40年前から
…だからどう探せばいいか皆手探りなんだっぴ
なるほど
よくわからないまま不動産会社行ったり
検索サイトを見たりしてるけど…
でも住む場所って一生必要だからどんなお家が芽衣子に合っているか考えなきゃ
じゃあ…
芽衣子にとってお家ってどんな場所?
え…お家…??
うーん寝る場所食べる場所…最近仕事もするから
職場でもあるかな
その通り…でもそれは機能面から見たお家だね
そしたら心の目線で見たお家は?

こころ
…!?
…
安らぐとか？
ふむふむ
芽衣子は
どんな時に
お家で
幸せを感じる？
う～～ん
え～～～と…
…
ぽわわわ～ん
ベッドで
ぬくぬく
ぽかぽか
のんびり
お風呂で
ゴクラク
モグモグ
タイム
ふふふ
小さな幸せを
感じるタイミング
がいっぱい
そんな大切な
場所だからこそ
芽衣子がどんな
お家が欲しいのかを
ちゃんと落とし込む
必要があるよ
よりそい
家を手に
入れるには
２パターン
借りるか
買うか！
そうっぴ！
買うとさっき
見せたように
人生の選択肢が
広がるし
いつでも帰れる
大切な場所があると
心も安定するよ

さらに自己肯定感を得られるっていう効果も
大きいっぴ
空から見てるととても素敵なのに自信がない女性が多いっぴ
人から言われたことに左右されて自分の道を歩めてないんだ
でもねお家を買うとなると
なんで買いたいのかどんな場所で暮らしたいのかそのためのお金をどうすればいいかって
考えぬく必要がある
そのうえでお家という大きな買い物をした！っていう達成感は
とっても素敵な笑顔に変わるんだ
達成すると自信に繋がるよね！
たしかに！
一生住む場所がある安心感
毎日好きな場所に帰ってくる満足感
それを自分の力で手に入れた達成感
持ち家女子はそれを味わえるっぴ

自己肯定感が高くなると
何かあったときに自分を責めるのではなくて「なんでそうなったか？」を冷静に考えて判断ができる
相手を尊重できるようにもなるので仕事仲間やパートナーとの関係性も変わっていくよ
ふむふむ…
あ、そういえば私さっき自分を責めてた…
私が悪かった!?
価値観が違っただけとかタイミングじゃなかったとか
他の理由もあるんじゃないっぴか…？
！
お家は人生の選択肢を広げてくれる顔もあるけど
物理的・精神的な居場所としてイキイキできるすごいパワーをくれるんだ
だからお家って大切なんだね
そうっぴ
お家の探し方を一緒に紐解いていくっぴ!!!
前向き！

家の役割は変化している

みなさんはいつも家で、どんな時間を過ごしていますか？毎日当たり前のように出かけて、また帰ってくる家。どんな場所でどんな家に、誰と住むかによって、毎日の過ごし方が変わる——その積み重ねで人生そのものが形づくられていく大切な場所です。

家の役割は年々変化していますが、外の環境から身を守る場所であることはもちろん、リラックスする場所、一緒に暮らす人との一体感を築く場所、そのうえ最近では、働く場所としての機能も求められるようになってきました。

さらに女性にとって大切なのは「ありのままでいられる場所」としての家の役割です。

家は、心の緊張を解き、身体を休めてくれます。どんなに楽しい旅行に行っても、家に帰ってくると、あぁ帰ってきた、と、ほっとした経験があるのではないでしょうか。そんな安心をくれる役割が家にはあります。

私たちは安心して心がリラックスできたときに初めて、外で起きた出来事から何かを吸収したり、感情を受け取ることができます。受け取ったものを自分の中で消化したり、感情の咀嚼《そしゃく》ができるのも、家でだけです。

心が緊張している状態では、新しいことが自分の中に入ってきません。心をオープンにできる場所は限られているなかで、毎日過ごしている家では、自然と心も身体もゆるんでいきます。家と職場の間のサードプレイスを謳《うた》っているスターバックスでさえ、家と同じような居心地を感じることはできないのではないでしょうか。

あなたの家に、あなたの心の居場所はちゃんとありますか？

創作活動をしているアーティスト、研究者たちが、新しいことを思いつくのは、お風呂に入っていたとき、トイレにいたとき、ソファでくつろいでいたときなど、家でリラックスしていた時間を挙げています。「思いつく・ひらめく」は、「集中して考えた後のリラックス」で生まれるともいいます。

一方、家でリラックスした状態が持てないと、頭や心を休めることができずに、時に誤った選択をしてしまうことも。

「心のパンツ」を脱げるのは家でだけです。

家で過ごす時間を、素っ裸になったときのような心地よいものにすることが、外で起こる変化を受け取り、自分の中で消化し、新しいアイディアを生み出したり、挫折《ざせつ》しない折れない自分を育ててくれています。

そんな素っ裸な心になれる家が持てるかどうかは、家で過ごす時間の質、家の中の環境や、一緒に住む人たちとの関係性に左右されます。

日当たりを重視している人が日当たりが悪くてジメジメしている部屋に住んでしまったとき、セキュリティが弱い家に住んでいるとき、一緒に暮している人と喧嘩《けんか》してしまったとき……心がざわざわしてしまい、落ち着かなくなってしまいます。

一方で、お気に入りの家で、リビングでのんびり、何をするでもなく過ごすとき、そんな何気ない時間で、心がすーっと潤《うるお》っていったことはないでしょうか。

家で過ごす時間を自分にとっての心地よいものとすることができたとき、その家はあなたの心の居場所となり、あなたが「ありのままでいられる家」になってくれます。

持ち家女子は、ストレス社会にも強い

現代は、毎日が忙しく、周囲からは厳しい評価に晒《さら》されて、常に成長、変化を求められます。もちろん、それは大事なことです。

ですが、周囲の目を気にして、常に自分を成長させ、変化させようとすると、人はだんだんと息切れしてきます。時には自分の人生の意味を見失い、不安になってくることも。

疲れているときに浮かぶ心の言葉に不安を感じ、前に進めなくなること、自分のことが信じられなくなり、「自分の人生これでいいのかな?」と疑いを持つこともあります。

そんな不安を感じたときに、ありのままでいられる家を持っている人は心が安定しています。

リビングに差し込む穏《おだ》やかな日の光を浴《あ》び、ぽかぽかしたあたたかな温度を感じ取る。ついうとうとしたくなってしまうふかふかのソファに寝転んで、読みかけていた漫画やお気に入りの単行本を手に取ってみる。

家を見渡せば、お気に入りのものたちが自分を包み込んでくれる。自分が愛おしいと思って、家に迎え入れたいろんなものが、周りを見渡せば見守ってくれる――。

そんな家に住んでいると、どんな状態で帰ってきても少しずつ自分の心を取り戻し始め、次の日家の扉を開けるときには、前を向いた一歩が踏み出せるようになっています。

忙しい毎日を送る私たちには、心が安心できる家が何よりも必要です。

家は「買う」ことで本当の自分の居場所になる

さて、そんな大切な場所である家ですが、いま住んでいる家とはどうやって出会いましたか？

実家暮らしの方、１人暮らしの方、家族で購入したマイホームにお住まいの方――さまざまな出会い方があったと思います。

いまの家を選んだ理由を聞くと、こんな答えが返ってきます。

- なんとなく職場に近いから……
- なんとなく実家に近いから……
- なんとなく家賃から……

でも、待ってください！

大切な場所である家の選び方です。「なんとなく」で決めてしまっていいのでしょうか。

「なんとなく」の積み重ねで家を決めてしまうと、心が素直になり、明日の自分を築いてくれる家は引き寄せられません。

幸せは外の環境ではなく、家の中に宿ります。幸せが宿る家とはどんな家なのでしょうか。

この質問について考えるとき、多くの女性が見逃していることがあります。

先ほどの３つの「なんとなく」を見返してみてください。

「家賃」と言いましたが、何も違和感はありませんでしたか？

家を考えた際に、「借りるもの」という選択肢が前提になっている方が多いですが、家は「買う」ことで、本当の居場所になります。そこは「家賃」とは無縁の場所です。

人生のイベントにも落ち着いて向き合える

「世界の女性が、１人１つの愛する家を持った持ち家女子になれれば……」

私の願いでもありますが、女性は早いうちから将来の家をどうするか検討し、家を所有する可能性を持っておくことをオススメしています。

女性の人生には、節目となるイベントがめじろおしです。結婚、出産、子育て、介護、もしかすると離婚……自分ではコントロールしきれないライフイベントにも出会うでしょう。そんなライフステージによって人生が変化していく女性にこそ、生涯必要となる住む家をどうするか早めに検討し、また同時に自分の家を持つ可能性を視野に入れていただきたいのです。

常に住む場所を確保できていると、どんなライフイベントに出会っても落ち着いて、自分が選んだ道を自信を持って進むことができます。

一方で、家が誰か他の人のものである場合は、何かあったときにはそこから出ていかなければいけません。ライフイベントにぶつかりながら、新しい家を探す必要があります。**住む場所が自分の意志で決められないと、他人の都合や意見に従わざるを得なくなってしまうことがあります。**

また、現代は女性が人生を自由に謳歌《おうか》できるかわりに、一世代前までは誰かが用意してくれていた「家」が、自分の力で手に入れなければいけない場所になりつつあります。

結婚すれば旦那さんが家を買ってくれるというのも、事例としては段々と少なくなってきており、結婚した後は夫婦共働きの二馬力で買う、もしくは、奥さんが買った家に旦那さんが入るという事例も増えてきました。単身で生きていくことをポジティブに選択される方も多くなってきています。

そんな、以前は用意してもらえていた家が、自分で手に入れなければいけない場所になってきている中でも、「将来の家」を考えるということ自体がぼんやりとしていて、「将来の家をどうするか？」という問いに対して、回答ができる方は少数です。

持ち家女子は人生の優先順位を知っている

「将来の家をどうするか検討し、女性が家を買う」というと、まだ一般的ではないように聞こえますが、家を持っていることは人生の選択肢を広げてくれます。

女性が家を持っていると、どんな可能性が生まれるでしょうか？

● 1人暮らしをしている間は家賃のかわりに自分のマンションのローンを支払い、資産に

なっていく

- 単身で人生を楽しむことに決めた場合は、ずっと住む場所がある
- 結婚したら2人の居場所になる。もしくは、住んでいたところは賃貸に貸し出して家賃収入を得られる
- 万が一、離婚などのアクシデントがあっても、自分が戻る場所になってくれる
- そしてお子さんが大きくなったら、資産として譲ることもできる

このように、家があることで、自分で選べる人生の選択肢が増えていきます。毎日当たり前のように暮らしている家ですが、自分で買って所有してこそ、本当の居場所になります。

ですが、家は、決して安い買い物ではありません。ほしいからといってカンタンに手に入るものでもありません。

だからこそ、家を買うという機会を持つことは、自分のお金と人生について、自問自答するきっかけをくれます。「なんとなく」で家は買えないからです。

「そもそも、わたしは自分の人生どう生きていきたいんだっけ？」

理想の家は、そうやって自分の人生の優先順位と向き合った先にあります。お金を積んだからといって手に入れられるわけではないのです。

家を探していく中で生まれる、「そもそも」という自問自答のプロセスが人生を開いていってくれます。

家を条件で見ないでください！

「さあ、家を探そう」と思ったら、まず何をしますか？
「○○平米以上」「2階以上」「駅徒歩5分」など、条件で検索をかけていくことが一般的だと思います。

ですが、あえて強調したいのは、**「家を条件のみで見ることはやめてください」**ということです。

「家探しは自分探し」です。それはつまり、自分自身をもう一度見見つめなおすこと。もちろん条件面の検討は必要ですが、それ以上に大切なのは「自分自身にとっての優先順位をはっきりさせること」です。

自分の人生に納得して、自信をもって生きていくためには、自分だけの優先順位をもって家と向き合うことが必要です。

家を条件だけで見ても、その家で過ごすイメージは目に浮かばないでしょう。そうではなく、その場所でどんな過ごし方をしているか想像できたときにはじめて、家に対するリアリティが生まれます。条件を考えるのは、自分の中の優先順位と向き合った後で大丈夫です。

条件で探さずに、暮らしのイメージから選ぶ。

これをポイントとして覚えておいてください。具体的にどんな探し方になるか、お客様の事例をご紹介してみますね。

趣味を優先した家選びで幸せをつかんだ女性

お客様のYさんは、会社員として忙しく働きながら、趣味のヨガを何よりの楽しみにしていました。

Yさんが家を探すときの一番の条件は、「ヨガ動画を撮影・アップロードできる家」。ヨガを楽しみ、動画を撮影できること――それを優先しながら家を選んでいくと、こんな条件が浮かんできます。

- 動画に映ってしまうのでカウンターキッチンは邪魔
- 動画を撮影するために、リビングは広く、開けているところがいい
- リビングの広さのためなら、寝室は小さくてもOK

家を手に入れた後、Yさんは勤めていた大手商社を退職。家探しを通じて、自分の人生の優先順位を整理し、安定していたサラリーマンからヨガインストラクターとして独立されています。

資産性より「眺めとペットとの暮らし」という自分らしい選び方

また、こんなお客様もいらっしゃいました。医師として働くSさんは、毎日忙しく、なかなか自分のための時間もとれない日々を過ごしていました。

家でゆっくりと過ごす時間を求めて、家を買うことを検討してみると――気になる物件が2つ。

- 【候補1】高層階タワーマンションの角部屋

●【候補2】都内駅近レトロマンション。築年数はやや古く、低層階。けれど、ペットが何匹でも可で、窓から見える緑が気持ちいいお部屋

転売性や賃貸での貸し出しやすさなど、資産性を優先するならあきらかにタワーマンションが優勢……ですが、Sさんが選んだのは、レトロマンションでした。ペットと過ごすプライベートの時間を大切にしたい、また寝室から見える緑が何よりの癒《いや》しだろうというのがその理由でした。

お2人とも、自分の暮らしの優先順位と向き合い、その部屋で暮らすイメージをありありと具体的に想像しました。そして、そのイメージをかなえる家の条件はなにか？　という手順で家を選んでいきました。

もちろん、資産性を度外視した家選びを推奨するつもりはありません。ですが、条件や資産性にとらわれる前に、まずは「自分がその場所で過ごすイメージがありありと浮かぶか？」、自分の心に向き合ってほしいのです。

- 窓から望む景色を眺めながら本を読む暮らし
- バルコニーでゆったりお酒を楽しむ暮らし
- 日当たりのいい部屋でソファで昼寝をする暮らし

自分の心が喜ぶ生活がどんな暮らしなのかを見つめ直し、それにあった家を見つけること。それが家にいる時間を豊かにする第一歩であり、毎日を幸せに過ごす秘密です。

「思い出資産」で家をとらえなおそう

家を持つことをオススメするのには、もう1つ理由があります。

「思い出は持ち家に貯まりやすいから」です。

これを私は資産とみなし、**「思い出資産」**と呼んでいます。お金には換算できなくても、生涯にわたって蓄積していくものだからです。

「資産」といわれると、現金や不動産、株など、お金に換算できるものが思い浮かびがち。けれども、家族や人間関係、スキルなど、お金に換算できないものも人生の資産として蓄えていくと、人生が豊かになっていきます。

その中でも、個人的には、思い出資産を特に大事にしています。

人生の最後、ベッドの中で眠っているときに、何の資産が蓄えられていると、幸せを感じられるでしょうか。私は思い出だと考えています。

思い出資産は、ふとした日常から生まれます。

- パートナーや家族と食卓を囲んで、たわいもないことを話し笑いながらご飯を食べているとき
- ソファに座りながら飼い犬を膝《ひざ》に抱いて、撫《な》でているとき
- ベッドの中で、ぬくぬくとしながらごろごろしているとき
- 机の上に、きれいなお花を飾ったとき
- 誰の目も気にせず、思いっきり好きなものをほおばるとき
- 漫画を読みながらソファで寝落ちるとき
- カーテンをあけて朝日を浴びたとき

こういった何気ない瞬間を、「いいなぁ」と思える心が、その家で養えるか——そんな心の余裕を持てる関係性を、家と築いてほしいと思っています。

引っ越しがつらいのは、いい時間を過ごした証拠

「思い出が詰まった家を手放すのがつらいんです」

売主さんからそんな言葉をいただくときに、きっとこの家で素敵な時間を過ごされてきたんだろうなと思います。

借家でももちろん思い出資産は貯まっていきますが、ずっとそこに住めるわけではありません。心のどこかで、「借家はいつか出て行くもの」と思っているからか、賃貸の退去立ち会いで、「思い出が詰まった家を退去するのがつらい」と聞くことはありません。退去する前提で借家に住んでいるのと、大好きな場所でずっと住みたいと思っていた持ち家に住んでいるのとでは、思い出の貯まり方は違っていきます。

現代においては外部環境が目まぐるしく変化してゆきます。仕事では成果を出すことを求められ、誰かと常に競争させられています。さまざまなプレッシャーに晒されながら、結果を出し続けるストレスは、はかりしれません。

毎日プレッシャーに晒されているからこそ、家で日々つくられる何気ない思い出が、心の糧となってくれることがあります。

人は危険を感じると、再度危険に出会ったときに適切に対処できるように、強く記憶に残すそうです。つまり、楽しかったことはぼんやりとしか覚えていないけど、嫌だったことは、鮮明に記憶するというわけです。

いい思い出はなかなか記憶に残らないと知ってから、逆にその時間を大切に覚えておこうと意識し始めました。すると、それまで気にしていなかったいい思い出とは、毎日のちょっとしたことであり、家にいるときに感じることが多いと気づいたのです。

家には「なんでもないんだけど温かな思い出」が溢れています。それを毎日噛み締めて、蓄積していった人が、人生の最後に本当に幸せな資産を築き上げた人なのかなと考えています。

不動産の「魔力」と「魅力」って？

ただ、そんな場所となってくれる家は選び方が大切です。

家は住む場所ですが、「不動産」でもあります。そして、不動産は魔力と魅力の２つの力をもっています。

魔力とは、不動産でよく連想される資産価値や投資価値のことです。
魅力とは、家がもつ、安らぎの効果です。

もちろん、資産価値や投資価値は決して悪いものではありません。ただ、家というものを「自分を大きく見せるための道具」にしてしまった瞬間に、家との関係性は築きづらくなってしまいます。結果的に、その家は自分のものだけれど、家にいてもなんだかほっとしない、「居場所を感じづらい家」になってしまうのです。

それでも資産価値を優先するのであればいいのですが、それが自分にとって一番の重要事項になるかはよく考えて選んでみてください。

一方の「魅力」である安らぎの効果は、だんだんと積み立てられて、思い出資産へと変わっていきます。貯まっていけば、どんなときでも自分を支えてくれるかけがえのない価値を持っていくことでしょう。

住む場所を手に入れるためには「2つの選択肢」がある

さて、家の大切さをお伝えしてきましたが、その家を手に入れる方法はみなさんがご存知の通り、大きく分けて２つあります。

- 人（家族・他人問わず）が所有している家を借りて住む
- 自分で家を買って住む

例えば実家から独立しようと思って家を探す際は、まずは「借りる」選択肢のみを考えて、不動産屋に行き、予算内で借りられる家を借ります。

一方「買って所有する」という選択肢は、結婚する、結婚して子どもができる、または

1人で人生を楽しむと決めるなどの「ライフステージが変わるとき」に思いつく方が大半。そのタイミングになるまで、なかなか選択肢に上がってきません。

実際、そのことをデータも裏付けています。

総務省「平成30年住宅・土地統計調査」によると、単身世帯の持ち家比率は25歳未満で約2・5％、25〜34歳で約3・8％です。若いうちに、家を所有することを実施している方はわずかです。

もちろん、資金が足りないという現実もあるでしょうが、ライフステージが変わるまでは「家を買う」という選択肢をそもそも思い付かなかった方が多いのでしょう。

毎日を過ごす大切な家を手に入れるには、どんな選択肢があるかを知ることから始まります。

選択肢を知ったうえで何を選ぶかは自由ですが、「思考停止で借りる一択」ではもったいないです。どちらが適しているのかは検討してみましょう。

買ったほうがいい？借りたほうがいい？

何かと世間で論争になる「買うか借りるか問題」。やはり究極の選択ですから、ここで4つの目線から確認していきます。

❶暮らしの目線から考える
「家を借りること」は、箱から始まり、「家を買うこと」は、人から始まる

家を借りる場合は、既存の箱から条件に合う箱を選んで住みます。あくまで借り物なので、自分仕様のカスタマイズには限界があります。すでにあるものの中で何ができるか？を考えて、インテリアで個性を出すのが借りた場合の暮らしです。

一方で、家を買うことは、人から始まります。

どこに住みたくてどんな家にするか、自分がどういう暮らしをしたいかを考えて、自分仕様にカスタマイズすることができます。

新築であれば、理想の暮らしに基づいて自由に設計、中古物件であれば自分の暮らしに合わせてリノベーションすることができ、自由度が高く、自分にとっての居心地のいい空間を築くことができます。

家を買うことは、人から与えられた箱ではなく、自分好みに築いた箱を手に入れることになります。

なんとなく、買った時のほうが豊かな暮らしができそうな気がしますが、実際どちらのほうが満足度が高いのでしょうか？　その結果は、データに表れています。

内閣府の政策統括官が公表している「満足度・生活の質に関する調査報告書２０２２」の「住まいの状況と満足度」調査によると、年収・年齢・勤続先などどの属性においても**持ち家の場合は住宅満足度が総じて高まり、借家では低下する**という傾向が見られます。

また、「世帯年収別住宅満足度」という項目では、年収に対する住宅満足度より、持ち家かどうかによる満足度の差が大きく出ていました。

つまり、家に対する満足度を決めるのは、年収が高い・低いの差よりも、持ち家か借家かのほうが重要という結果です。

この背景にはさまざまな理由があるのでしょうが、自由度が高く、借家のように他人に気を使わなくていいというところが大きいように思われます。

さらに「買うか借りるか問題」を女性が判断する際、とりわけ大事にしてほしい視点がありえます。数字的なお話は二の次で、自分の家を持ったらわくわく感をどれくらい感じられそうでしょうか。

「自分の家を持つ」――この言葉だけでわくわくし始めた方は、手に入れた家で描きたい理想の暮らしがあるのかもしれません。

それを実現した場合に、どのような暮らしが待っているのかを想像してみてください。わくわくして嬉しい気持ちになるものでしたら、あなたにとっての家は、とても大切な場所であり、自分でカスタマイズして好きにしたい場所なのだと思います。

家を買うまでには、乗り越えなければいけない壁がいくつもあります。くじけそうなときには、このわくわく感がモチベーションとなり、夢を叶えるまで支え続けてくれます。

❷お金の目線から考える

「どっちがお得？」を計算してみる

とは言えども、家というのは、大変大きな買い物です。数字的な視点でも、自分の暮らしにとって、その判断が適切なのかを考えてみましょう。まず、家を借りているのと、買っているのでは、お金を支払って手に入れているものが異なります。

家を借りる場合は、「家に住む権利」にお金を支払います。
家を買う場合は、「家自体」にお金を支払います。

このように、「お金が何に変わっている状態なのか」を意識する視点が必要です。「どっちがお得？」かは、あなたが家を借りて家賃を支払っている場合と、支払っていない場合で見比べてみましょう。

いま現在家賃を支払っている場合

あなたが家を借りて家賃を支払っている場合、家を借りるためにトータルで支払った金額がいくらになるか見直してみましょう。家を借りるときに支払った初期費用、2年ごとに訪れる更新料、毎月支払っている家賃――全てを合計したら一体いくらなのか把握してみてください。

都心に住まれている方の家賃は決して安くありません。また、家賃は「家に住む権利」に支払っているため、掛け捨てです。毎月家賃を支払っていくのと、家を購入して資産形成を図っていくのと、どちらがいいのかお金に換算してみましょう。

例えば、家を借りて10年住んでいた場合、初期費用+更新料+（家賃×12ヶ月×住んだ年数の10年分）支払った金額は、いくらになるでしょうか。この金額は支払って終わりで、手元には何も残りません。

一方で、仮に同じ年数ローンの支払いに充てて購入した場合は、10年間支払った住宅ローンの支払いは、自分の家へと変わっていきます。

10年後、購入時より、家の査定額が値下がっていたとしても、住宅ローンの残債を上回る価格で売却できれば、手元にお金が残ることになります（物件を選定して値下がりしにくいものを買えばという前提になります。次ページの図をご参照ください）。

ただし、いま支払っている家賃が安い場合は話が別です。

同じ支払い額ではいい物件を購入することができない場合や、会社からの家賃補助があり、購入してしまうとその補助がなくなるときは、お金の面では借りている方がメリットが大きいこともあります。

また、マンションを購入した場合は、ローンの支払いとは別に、管理費・修繕積立金・家を持ったときの税金等の諸経費が固定的にかかってきます。

いま支払っている家賃を、家を持ったときの月額の支払い額（毎月のローン+諸経費の金額）にした場合、いくらの家が購入できて、それがどんな家なのかによって判断が異なります。「支払っている家賃と同じ金額を家を所有して支払うとすると、いまよりもボロボロの家しか買えない」となった場合は、借りて住み続けたほうがいいときもあります。

10年でかかるコストを見てみよう

家賃12万円／月 賃貸を借りて住んだ場合

費用内容	・家賃:12万円 ・2年ごとの更新料:12万円
初期費用	約50万円 （敷金、礼金、仲介手数料、保証料、保険等）
10年間の家賃支払	12万円×12ヶ月×年数（10年） =1,440万円
10年間の更新料	12万円×4回分=48万円
10年間でかかった合計金額	約50万円+1,440万円+48万円 =1,538万円

3,000万円のマンションを購入した場合

費用内容	・購入価格:3,000万円 ・金利:約1% ・ローンの支払額:約8.5万円 ・管理費/修繕積立金/税金等 :約3~4万円 ・月額支払額:約12万円
初期費用	約200万円
10年間のローン支払	12万円×12ヶ月×年数（10年） =1,440万円
10年間でかかった合計金額	約200万円+1,440万円 =1,640万円

10 年後に売却

10年後の売却査定額が2,500万円だった場合

費用内容	・売却査定額:2,500万円 ・ローンの残債金額:2,200万円 ・売却時経費等:約100万円
手元に残るお金	2,500万円 -2,200万円 -約100万円 =約200万円

10年後、値下がりしていても
ローンの残債より売却価格が上回れば、
手元にお金が残ります。

10年間でかかった居住コストは・・・	10年間でかかった居住コストは・・・
1,538万円	1,440万円 （支払った金額:1,640万円 - 手元に残るお金:200万）

98万円の差！

どっちがお得？

■いま現在家賃を払っていない場合

現在ご実家に住まれている等で家賃を支払っていない場合、お金の面では、買うことのメリットはあまり享受できません。

あなたが家賃を支払っていない場合は、数字的な視点ではなく、自分の資産を築きたいかどうかという目線になります。

家賃を支払わずに住む場所が確保できている場合は、特段住むための場所を買う必要はありません。

また、将来はご実家を継ぐ予定があり、自分が住むところはずっと確保できるという場合も、あえて手に入れる必要がありません。親族から与えられたものではなく、自分で資産を築きたいかどうかという視点でご検討ください。

❸未来の目線で考える

将来、自分がどうしたいかを落とし込んでみよう

将来どうしたいのかによっても、「買うか借りるか問題」の答えは変わってきます。

例えば、まだ将来が定まっていなくて、動きが多い方（転勤、転職、海外への留学、など）は、借りているほうが身動きが取りやすくて気軽です。次のステップに進もうとしたときは、いま住んでいる家に解約手続きを出せば終わり。買ってしまうと、次の売却先が決まらないと動けず、身動きがカンタンには取れません。

一方で、今後暮らしていく街がどこで、どんな将来になっていくのか、ある程度想定できる方は、その想定に沿って、買うか借りるかの判断もしていけます。家を購入する年齢層が30代後半〜40代になるのも、この理由が大きいでしょう。

その年代になると、独身で生きていくのか、パートナーと暮らしていくのか、子どもがいるのかいないのか、勤務先はずっとこの先も同じなのか、ある程度の将来が決まって見えています。将来が見えてくれば、住む場所も決まり、どんな家が必要なのかも描きやすくなります。

家をどうするかについて検討するには、どのような将来設計をしたいのかを一度落とし込んでみましょう。

まだ見えてきていなくても大丈夫。**「こんな暮らしがしたい」を思い描いて、思い描いた未来では、自分にはどっちが合っているのかを考えてみましょう。**ある程度将来を予測しておくと、万が一何かあった場合でも、慌《あわ》てずに対処することができます。

「将来がはっきり定まってはいないけど、家を持って資産形成することもやってみたい気持ちはあるかも」

そんな方は、家を持つことに向けて早めに動き始めてもいいと思います。その場合は、将来自分が住まなくなった際に賃貸に貸し出しやすい部屋を選んでおきましょう（後ほどSTEP4のコラムで詳しく説明します）。

❹心の目線から考える
帰る場所がある安心感がチャレンジする勇気をくれる

家は常に同じところにありいつでも帰ることができるという安心感から、遠く離れた場所にいても「心の支え」になることがあります。

心の支えとなる効果は、家を借りている状態よりも、所有している状態のほうが強く発

揮されます。

例えば長期間旅に出るとなると、家を借りている場合は、家賃がもったいないので家は解約するのが一般的です。つまり、戻ってきたらまた新しく別の住まいを探す必要があります。

一方で買っている場合は、ずっと同じ場所で待っていてくれます。旅に出ていても、「何かあれば帰ればいいや」と思える家がある安心感は、気付かないうちに心のどこかで自分を支えてくれています。

「帰れる安心感をくれる」という家の役割について、私はあるお客様との出会いによって実感しました。

Nさんはまだ24歳という若さで、家を買いにいらっしゃいました。購入する理由は**「実家がほしいから」**。

聞けば、Nさんのお母様はシングルマザーで、2人の子どもを一生懸命働いて育てられたそうです。ただ、1人での稼ぎでは限界もあり、家を購入することはできずに、ずっと借家暮らしでした。

借りている家では、何かあったら追い出されてしまうリスクもあり、落ち着かない。本当の自分たちの居場所となる家がほしい。

それに、いつどんなときでも家族で集まれる場所がほしい。

それが「実家がほしい」という言葉に込められた思いだったのです。

Nさんにはすでに婚約者がいらっしゃり、近々結婚して、旦那さんが家を用意してくれる可能性もありました。それでも、自分の力でローンを組んで、お母様と妹さんのために「実家」を築き上げたいとのことでした。

持ち家女子になることは、「実家をつくる」ことにまで繋がるんだ――そう驚いたのをよく覚えています。

いつでも帰れる「家」を持つことの安心感は、心の居場所になります。その安心感が心の支えとなり、外でいろんなことにチャレンジできるようになります。

家を買うことで人生の選択肢が広がる

さて、４つの目線から、買う、借りる、のどちらがいいか考えてみました。いずれにしても、将来の家をどうするかの検討自体は早めにしておきたいもの。それは「買う」選択肢を知らずに、家賃を支払い続けている方が一定数いらっしゃるためです。

私が購入希望でお会いしたお客様で一番若い方は、21歳のFさんでした。年齢に驚いて、「もう少し将来が定まってからでいいのではないでしょうか」と提案したところ、「両親が家を残してくれないので、将来が不安なんです」とのこと。

Fさんのご両親はUR賃貸に40年間住み続けられているそうで、月額の家賃は17万円、UR賃貸といえども、40年間支払い続けたら家賃だけで８１６０万円です。「８１６０万円は支払って終わったお金です。そのお金で家を買って、子どもに残してほしかったです。自分はそんなことにならないようにしようと、コツコツ貯金をして家を早く買おうと決めていました」

こんなにも若い子たちが将来に不安を感じる時代なのか、ということに驚きつつも、Fさんの将来を考える力に感嘆しながら、人生と家をどうするか一緒に話し合いました。

家を早めに買わなかった私の後悔

先ほどご紹介したNさんもですが、早くから家購入を検討される方は、ご両親が借家暮らしだったケースが多い印象です。

Fさんほど若くから真剣に向き合う方は少ないですが、**私も早めに家を買わなかったことを後悔している1人です。**支払い続けてきた家賃がもったいなかったというのもありますが、それよりも、自分で自由にできる家を持っていると人生の選択肢が広がると後から知ったからです。

変化が多い女性のライフステージに応じて、家は資産でもあり、物理的・精神的な居場所ともなってくれます。その時々に応じて自由自在に目的を変えられるのが家です。

「家を買う」という過程においては、自分自身に向き合い、人生で手に入れたいものの優先順位をつけて、具体的にどのように手に入れていくのがいいか考えていく作業が必要です。大きな買い物だからこそ、適当には進めることができずに、立ち止まって考えるきっかけになります。

家を買うと聞くとこわいイメージが先行するかもしれませんが、そんなことはありません。**「持ち家女子」になっていくみなさんは、買う過程で自分と向き合い、自分を知り、お金の仕組みを学び、最後はずっといたいと思える場所を自分の力で手に入れます。**その過程を経験することにより、自信を持ち輝き始めています。

人生でほしいものを明確にし、大きな買い物である「家」を手に入れた自信は、他人が敷いた道ではなく、己の道を歩める力をくれます。

「人から与えてもらう」から**「自分で手に入れる」**へ。その力を手に入れると、今度は、**「自分で自分を幸せにしてあげる力」**までも得ることができるのです。

STEP1では、家を買うことによって広がる選択肢を、借りた場合と比べてご紹介してきました。次頁に図にしましたので、ぜひじっくり考えてみてください。

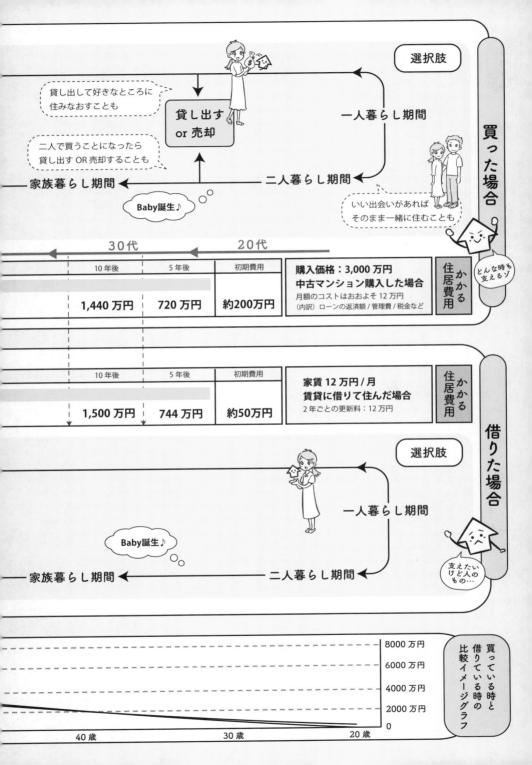

買った場合

選択肢

一人暮らし期間

貸し出す or 売却

貸し出して好きなところに住みなおすことも

二人暮らし期間

いい出会いがあればそのまま一緒に住むことも

二人で買うことになったら貸し出す OR 売却することも

家族暮らし期間

Baby誕生♪

どんな時も支えるゾ

20代　30代

かかる住居費用

購入価格：3,000 万円
中古マンション購入した場合
月額のコストはおおよそ 12 万円
（内訳）ローンの返済額 / 管理費 / 税金など

初期費用	5 年後	10 年後
約200万円	720 万円	1,440 万円

借りた場合

かかる住居費用

家賃 12 万円 / 月
賃貸に借りて住んだ場合
2 年ごとの更新料：12 万円

初期費用	5 年後	10 年後
約50万円	744 万円	1,500 万円

選択肢

一人暮らし期間

二人暮らし期間

Baby誕生♪

家族暮らし期間

支えたいけど人のもの…

買っている時と借りている時の比較イメージグラフ

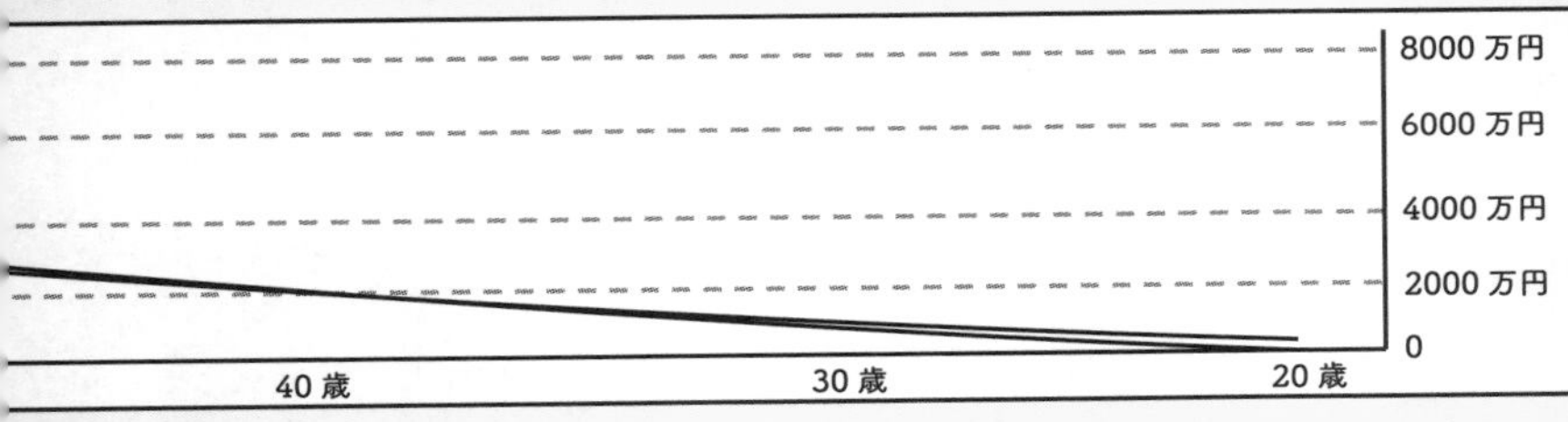

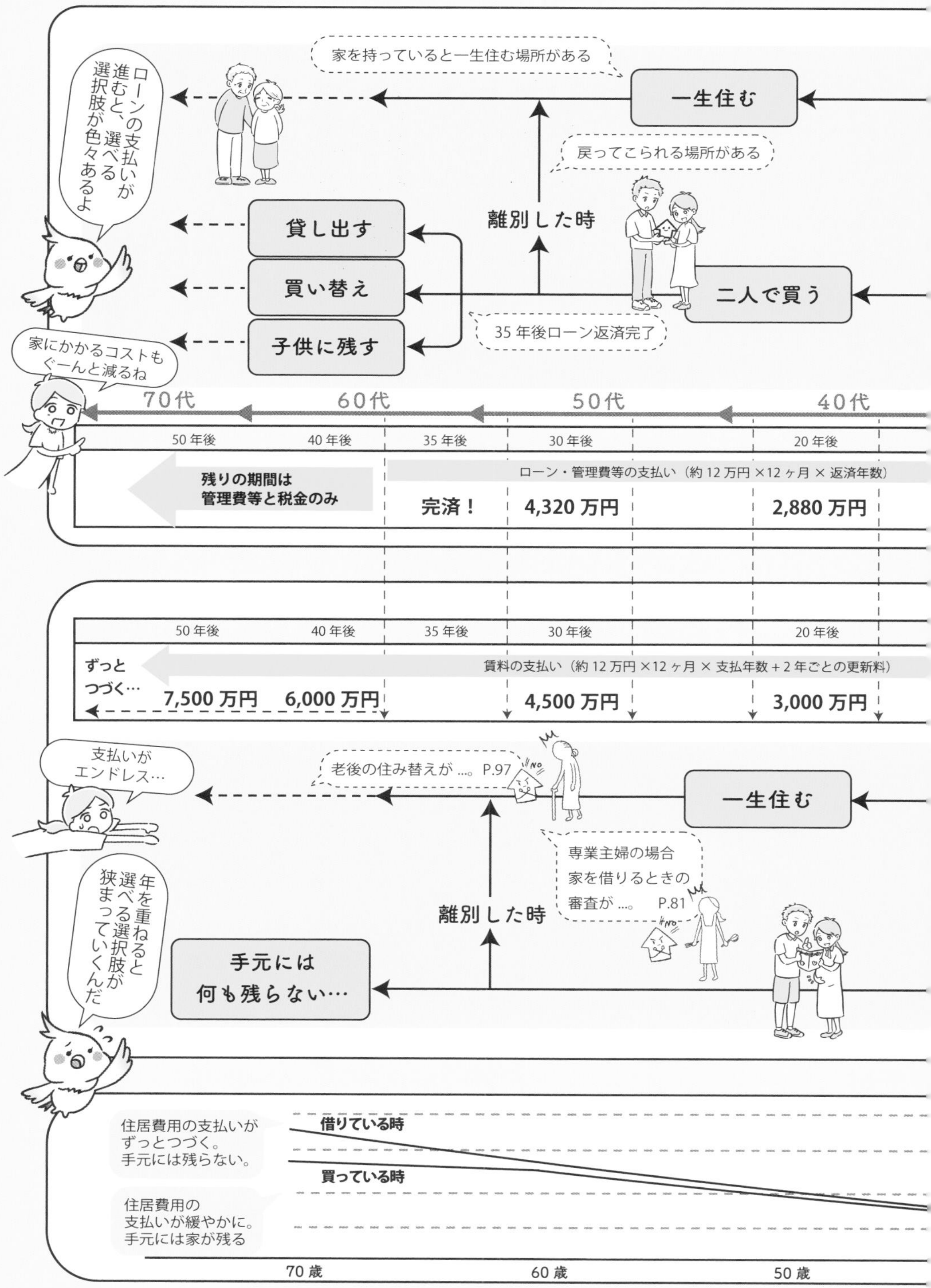
家を持っていると一生住む場所がある
一生住む
ローンの支払いが進むと、選べる選択肢が色々あるよ
戻ってこられる場所がある
離別した時
貸し出す
買い替え
子供に残す
二人で買う
35年後ローン返済完了
家にかかるコストもぐーんと減るね
70代
60代
50代
40代
50年後
40年後
35年後
30年後
20年後
残りの期間は管理費等と税金のみ
ローン・管理費等の支払い（約12万円×12ヶ月×返済年数）
完済！
4,320万円
2,880万円
50年後
40年後
35年後
30年後
20年後
ずっとつづく…
賃料の支払い（約12万円×12ヶ月×支払年数＋2年ごとの更新料）
7,500万円
6,000万円
4,500万円
3,000万円
支払いがエンドレス…
老後の住み替えが…。P.97
NO
一生住む
専業主婦の場合家を借りるときの審査が…。P.81
NO
離別した時
年を重ねると選べる選択肢が狭まっていくんだ
手元には何も残らない…
住居費用の支払いがずっとつづく。手元には残らない。
借りている時
買っている時
住居費用の支払いが緩やかに。手元には家が残る
70歳
60歳
50歳

女性の家探しは、まだ発展途上

女性が「家を自分で探して手に入れる」というのは、比較的新しい考え方です。一世代前は、家を出るときは結婚をするときで、旦那さんが家を用意して迎え入れられるのが一般的でした。女性が家を出る理由が独立であるというのは、男女雇用機会均等法が施行された１９８６年以降のこと。まだ最近のお話です。本法が施行されて女性に求められている役割が変わったことから、「女性が独立のために１人暮らしをする」という選択が、段々と広がってきました。

「男は仕事、女は家庭」という伝統的な男女の役割分担意識が少しずつ変わり、女性も社会で働く役割を担《にな》うようになったのです。実は、それまでは、大企業などでも男子寮はあったものの、女子寮というものはありませんでした。女性は、働いたとしても一時的であり、結婚すれば寿《ことぶき》退社で家に入ることが多かったため、女子寮は必要がなかったのです。

昭和の初めの頃は、女性が独立して１人暮らしをするどころか、30代で独身でいること自体、偏見の目で見られているところがありました。私の母も、娘が未婚で余っているると長男が結婚できなくなるからという理由で、20代前半でお見合いをして、早く実家を出ることを求められました。

そんな両親世代の話を聞いていると、現代の女性は自由な生き方を謳歌できているように感じられます。私の母の口癖は、「結婚なんて早くするもんじゃない」でしたが、2020年の国勢調査の統計データによると、30代前半女性の未婚率は38・5％。4割近い人たちが独身生活を楽しみ、また、現在は誰もが好きな仕事を選ぶことができます。

このような時代背景から、女性で「家を自分で探して手に入れる」ことを経験しているのは、1986年以降に社会に出始めた方たちです。誰もが模索しながら探し、経験者が周囲へアドバイスしたり、ネットで公開することにより、ようやく広まってきた状態です。「女性の家探し」は新しい時代の考え方で、まだ確立されていないのです。

STEP 2

持ち家女子だけが手にする「いいこと」

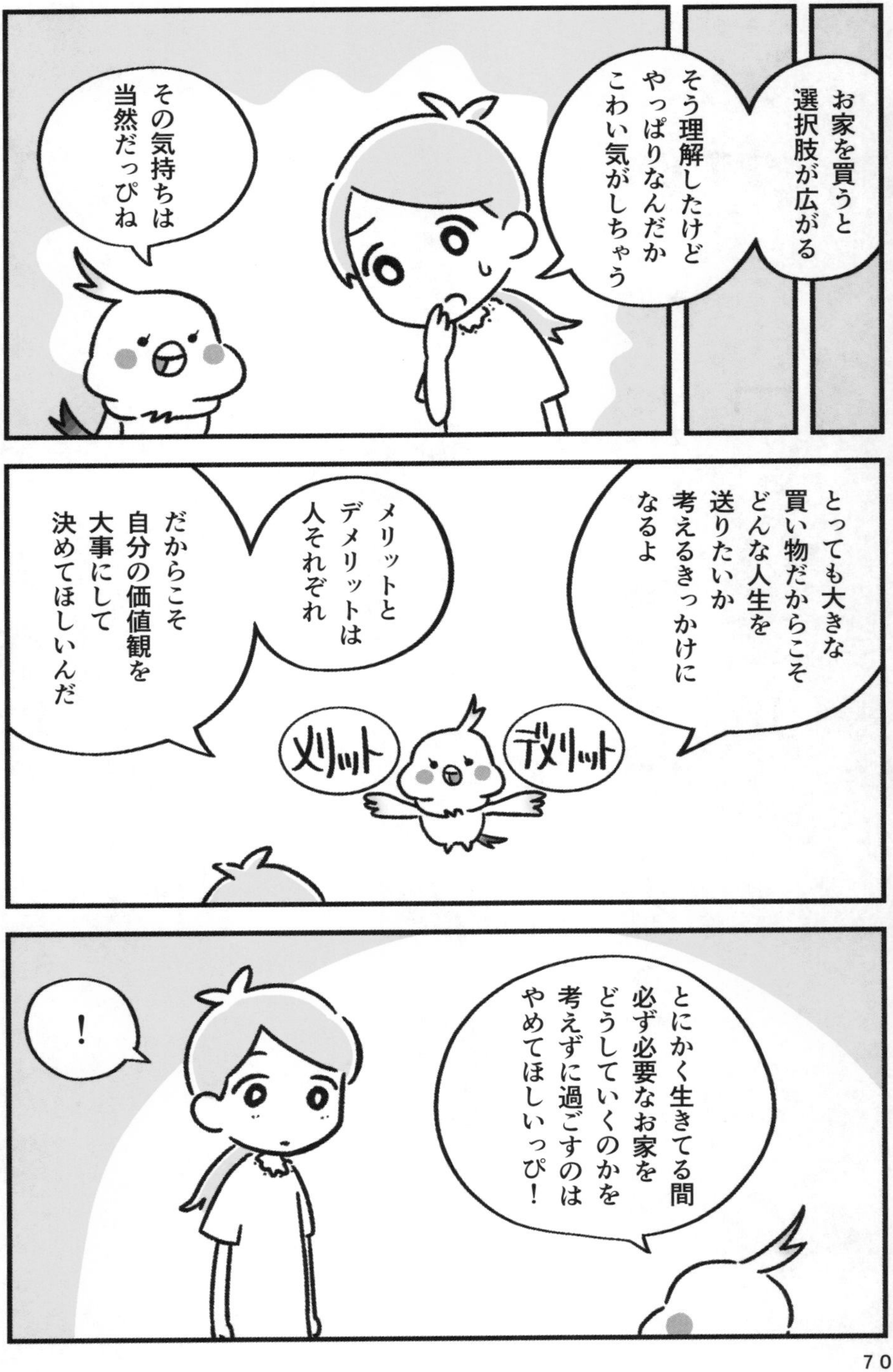
お家を買うと選択肢が広がる
そう理解したけどやっぱりなんだかこわい気がしちゃう
その気持ちは当然だっぴね
とっても大きな買い物だからこそどんな人生を送りたいか考えるきっかけになるよ
メリットとデメリットは人それぞれ
だからこそ自分の価値観を大事にして決めてほしいんだ
デメリット
メリット
とにかく生きてる間必ず必要なお家をどうしていくのかを考えずに過ごすのはやめてほしいっぴ!
!

一度たちどまって お家を自分で持っていたほうがいいのか、借りっぱなしでいいのか考えてほしいっぴ
皆買った時のリスクはよく考えるけど買わなかった時のリスクは考えずに過ごしてるっぴ
買わなかったリスク？
賃貸でいった場合 住む場所が借りられないということも起きてしまうっぴね！
例えば…

専業主婦のまま離婚しちゃうと
「働いてない‼」「安定収入がない」とみなされ借りられない時がある
NO
たしかに…

他には
高齢になると賃貸が借りづらくなるっぴ
オーナーさんが万が一を考えて65歳以上の方には貸し出してくれないというケースもあるっぴ
NO
えー
そうなんだ…

つまり…賃貸はいつ追い出されるかわからないし借りたい時に借りられないことも
お家貸してくださいｰ
あんた仕事ないの!?ならこの物件くらいだわ
ガーン
オオカミ不動産
自分の将来がどうなるかなんて誰もわからないっぴ
順調にいけば一番良いけど
アクシデントが起きた時に帰れる場所があると安心感があるっぴよ
なるほどぉ…目の前のことに精一杯で…考えたことなかった…
順調な時は「選択肢を広げるパートナー」
万一トラブルの時は「安心して帰れる場所」
そんなお家の可能性を皆に伝えたいっぴ！
バサバサ
お家すごい！

年収400万円以上で、家は買える！

「家を買う」というと、少し現実味がないように感じられる方も多いかもしれません。

特に女性のお客様は、家を探すときにそもそも「買う」が選択肢に入っていないことが多いと感じています。

「自分が家を買えるなんて、思ってもみなかった」

「家を買うことなんて、思いつきもしなかった」

こんなふうに、家を買う可能性を、無意識のうちに頭の中から消してしまっています。

ですが、一歩下がって見てみると、人生に与える影響はもちろんのこと、金額面からも、家を買うのが理にかなった決断となる場合があります。

「そう言われるとよさそうな気もするけど、本当に私の収入で買えるの？」

そんなギモンが頭をよぎったかもしれません。

ここで現実的な話ですが、実際に、家を買うためにはどれくらいの年収が必要でしょうか。

都心部で住宅ローンを利用して買われる場合（自己資金は諸経費のみの場合）は、年収400万円以上が必要、というのが私の意見です（しっかりと貯蓄されてきて自己資金がある程度用意できる方は別になります。※1 206ページの事例をご参照ください）。

令和4年の金利条件の場合、銀行から借りられる住宅ローンは、収入の約7〜8倍ほどです。※2 そのため、400万円の約7倍にあたる、2800万円程までが検討の視野に入る物件金額です。

この2800万円の物件とローン返済は、どれくらい現実的な数字なのでしょうか。実際に数字をシミュレーションしながら、考えてみましょう。

【シミュレーションの条件】

- 2800万円の中古マンション物件を購入：1LDK 35〜40平米
- 35年返済のローン
- 金利条件1％

この条件で計算すると、毎月のローン返済金額は約8万円。

購入する家にもよりますが、仮にマンションを所有した場合は、毎月マンションを維持するために支払う管理費・修繕積立金として、ローンの支払いとは別に、2〜3万円ほどかかります。

合計すると、毎月の出費は約10万〜11万円ほど。なお、都市部で1LDK物件を借りた場合の相場は12〜15万円となっています（地域により異なります）。

また、家を買う際には、物件価格のみならず、銀行や不動産屋への手数料が発生します。それらの諸経費は、物件価格の約5〜7％に相当します。2800万円が物件価格なら、

190万円ほどが諸経費としてかかる計算になります。この諸経費は自己資金として、ローン外で支払うことが多いため、諸経費分は貯めておく必要があります。※3

分譲マンション（購入用のマンション）の設備やサービスは、一般的には借家よりもグレードが高いことが多く、住まいとしての満足感も高まりやすいといえます。「住む」を充実させたいなと感じたら、購入は、決して突飛なアイデアではありません。

また、借家の場合、家賃には所有者の利益が含まれています。そのため、**借家で支払う家賃と、自分の家のために支払う金額が同じだった場合は、購入した際は原価で住むことができるため、月額の支払いは同じ金額でスペックが高い物件に住めることが多いです。**

「何かあったときに貸し出せる物件」と考えると……

逆に都市部で考えられている方で年収400万円を超えていない間は、自己資金を貯めておく必要があります。

お客さまに物件購入を勧める際には、将来何かあって賃貸に貸し出したときに、安定的に借り手が付く物件を選ぶようアドバイスしています。令和4年時点で都市部で購入しようとすると、2800万円以下の物件では、それを満たさないことが多々あります。

この金額を下回る場合、30㎡以下で極端に狭いか、駅からかなり遠い物件か、旧耐震の物件かのいずれかになりがち。どれも賃貸に出した場合、借り手がつきづらく、売りにも出しづらい中途半端な物件になってしまうため、購入はオススメしていません。


女性のライフステージはその都度、変化していくもの。**だからこそ、時にはその人の居場所となり、時にはお金にもなる――その時に必要な形に変化してくれる「家」を味方につけるためにも、一定の水準は超える必要があります。**


国税庁によれば、令和2年時点における女性の平均年収は293万円。[※4] 年収400万円という数字は、決してカンタンなものではありません。また、購入のためには一定の自己資金も必要です。

自分はまだこの水準に達していないと感じる方もいらっしゃるでしょう。でも、もし今そう感じていたとしても、まだ諦めないでほしいのです。

向かう先がみつかったからこそ、行動に移せることがたくさんあるからです。

- 自分の力で家を買うための自己資金を貯める
- スキルアップのための学びを深める
- 年収を上げるための努力をする

これらの努力を超えたその先には、心の居場所となる家との出会い、そして、自分自身も予想もしていなかった変化が待っています。

※1　イメージをわかりやすく伝えるため、年収400万円以上を提案しています。達していなくても自己資金をしっかり貯蓄されて購入されている方も多くいらっしゃいます。またこの年収目安はご購入されるエリアにより異なります。

※2　借りられる目安は金利条件により異なるため、都度変化します。ここでは、イメージをつけていただくために7倍で説明しています。

※3　年収のみでローン条件を満たすわけではなく、その他本人の属性条件（会社員の場合は会社の規模、入社年数など）など、も関わってきます。また、年収400万を超えていても、フリーランスや自営業の方、入社年次がまだ浅い方は当てはまらない場合がありますのでご注意ください。

※4　令和2年　民間給与実態統計調査 より抜粋

家を買うのはこわい――でも、「買わないリスク」もある！

ＳＴＥＰ１で、女性にとっての家の役割と、家の探し方の選択肢をご紹介しました。
でも、買う選択肢を選ぶってなんだかこわいイメージがあります。買ったお部屋の値下がりや借金を負うリスク、ちゃんと支払っていけるのか不安が付きまといます。高い買い物ですから、当然のことです。

ただ、本当にこわいのは、将来住む家がなくなることではないでしょうか。

買うのがこわい、リスクがある、と考えるのは短期的な視点でお金のことのみを考えた場合です。確かに経済状況は常に変化し、日本は少子化による人口減少が目に見えています。人口が減っていけば、住む家を必要とする人も減ります。価格が下がる可能性は充分あるでしょう。

ただ、お金的な視点だけではなく、もっと長い目で見つめる必要があります。

家を所有していないということは、誰かの家を借りる必要があるということ。それは将来、「家を持っていないリスク」となります。

専業主婦だった場合の思わぬリスク

お客様のIさんは、長らく夫からのDVを受け、耐えきれずに家から出ました。そこで、思わぬ問題に直面しました。**結婚後、専業主婦で仕事に就いていなかったため、借家の契約をしようにもなかなか住みたい家の審査が通らなかったのです。**

家を借りる際には、ほとんどの場合、仕事が必要になります。もちろん公共の住宅という選択肢もありますが、多くは家族向けの物件で費用も高く、広さも持て余しがちです。

Iさんは、まずはマンスリーマンションを借りて、その間に就職活動をして仕事を見つけ、借家のお部屋を再度探して、なんとか契約できました。

Iさんのように苦労をされながらも、住む場所を確保できた方がいらっしゃる一方で、来店後、今から仕事を見つける自信がないから我慢する、という決断をされる方もいらっしゃいます。

もし、家を所有していたら、現在お仕事をしていなくても帰れる場所があります。残念ですが、住む場所とはいえ、人の所有物を借りる、というのは自分の意思だけではどうにもできないことがあるのです。

家を借り続けた場合、万が一身体を壊して働けなくなったときに家賃を払い続けられるでしょうか。もらえるかわからない年金を期待して、年老いたときに家賃を支払い続けられるでしょうか。

今の借家は段々とアメリカ式になりつつもあります。いままでは入居者を守るために、貸主さんは家を貸すとカンタンには入居者を追い出せませんでした。**けれども新しい契約形態が導入され、現在は期間をおいて出て行ってもらうことができる契約も存在します。**常に借りられて、カンタンには追い出されることがなかった借家が変わってきています。

イメージ先行で、家を持つ選択肢を短期的な目線のみで考えるのは得策ではありません。**家を買うリスクを考える場合は、あわせて買わないリスクも考えておくのがオススメです。**その比較をしたうえで選ぶと、「買うのはこわい」というイメージがなくなって、「自分はどっちが合ってるかな？」と冷静な判断ができるようになります。

心に従った家が、自分を人生の主人公にしてくれる

女性が家を買うことに抵抗感がある大きな理由の1つに、「周囲の目が気になる」があります。

- 家を買うと、「婚期が遅れる」と周囲に思われるのではないか
- 恋愛を諦めたと思われるのではないか

このように、世間や誰かからの見え方を気にして、家を買うのを諦めることが多いのです。けれどもこれは、**「誰かの人生を生きている」状態**です。

また、人の目を気にして家探しをした結果、「駅近」「オートロック」といった条件で、人から言われた通りの家を、言われるがまま買ってしまう。そんな方をたくさん見てきま

した。これもまた、誰かの人生を生きてしまっています。

誰かの目線よりも、自分の心に向き合った家探しをする。

それは自分の人生に集中して、人生を主体的に生きることとイコールです。自分と向き合って家を選んでいくと、どう生きたいかがはっきりしてくる。それが家を買うプロセスの中で、自分を見つめていくことの効果として現れていきます。

母親の影響から抜け出す

特に女性の場合、母親から受ける影響は非常に大きいといわれます。自分の幸せが母親の幸せだとわかっているからこそ、一歩踏み出せないことも多いのではないでしょうか。

女性の場合、母親から家を買うことを反対されることも多々あります。家を見に行く娘さんに「探すものが逆じゃないの？」とお話しになるお母様を多く見てきました。

「家を探す前に、人生のパートナーを探したら？」

ということの言葉。家を1人で買ってしまうと、パートナーができなくなってしまうのではないか？　結婚から遠ざかってしまうのではないか？　という不安からの言葉だと思います。

そんな親の反対があっても、自分の人生のために「家を買うこと」を選択していく。それを通じて、お母様が、娘さんが立派な大人であることを改めて認識する機会にもなります。

女性の場合、家を買うことで、親離れ・子離れできることがあるのも見てきました。

自分の心に従った判断をしていくと、

「周りの人との関係性が変わり、人生の主従が変わる」

もっというと、

「心に従った家に住むことで、自分が人生の主人公になる」

これが人生にもたらす大きな変化です。

家を買う決断をすると、人生の決断が変わる。自分で選び、手に入れたものを噛みしめる居場所ができる。家を買うことで自分自身の人生を生きる覚悟がついていく。

家を買うと、自分の人生を主体的に生きられるようになっていきます。

パートナーに求めるものが変わるとき

「パートナーとの結婚より先に、家を買う」を実践される方は少数派かもしれません。「女性が結婚前に家を買うと、婚期が遅れる」というイメージがあるのも足を引っ張る要因の1つでしょう。

ですが、それは実態と異なっています。

現代において結婚は必須ではなく、自分で選択できるものに変わってきました。いつ結婚してもいいという自由さがあるなかで、家を所有している女性を敬遠する男性はほんの一部です。

むしろ、先が見えない不安定な世の中では、将来をしっかりと考えている頼もしいパートナーと思えるという声も聞きます。

家を買った後に、当時付き合っていた彼氏さんにプロポーズされたという方がいました。いまでは旦那さんですが、その理由を聞いたところ……

「彼女が家を買ったことがきっかけで、将来を真剣に考えるようになりました。正直、彼女がどんどん先に進んで、自分が置いてかれてしまった気がして……将来に向き合わないと、と思ったんです」

とのこと。

実はこのような体験をされている方は多く、私のお客様からも、

「家を買った後に、お付き合いしていた方と結婚の話が進んだ」

とか、

「パートナーのご縁がやってきた」

というご報告をこれまでたくさんいただいてきました。みなさんの本当にうれしそうな顔が印象的です。

持ち家女子は、結婚や恋愛を諦めるわけではありません。結婚することになったら、自分の家で一緒に住むことも、売ることも貸すこともできます。

家選びの経験は、パートナー選びにも生きる

そうした持ち家女子が口を揃えておっしゃるのは、

「家を買うことで、パートナーに求めるものが変わった」

ということです。

なぜ、家を買うことでパートナー選びに変化が起こるのでしょうか?

それは、家選びのときに自分の気持ちに従った判断をした経験があることで、パートナー選びの目線も変わったためです。

家を買う前は、

- **収入がいいこと**
- **いい会社に勤めていること**

といった、経済的な安定を約束する条件——つまり「何をくれる人なのか?」というGIVE&TAKEの視点だったものが、家を買うとどうなるでしょう。

- 一緒にいてリラックスできる人
- 一緒にいると楽しい人
- 家事や子育てにも積極的に関与してくれる人

といった、「暮らしをどう共有できるか」、SHAREの目線に変わっていきます。

不思議な話なのですが、スペックや条件重視でパートナーを選んでいる場合、自分もスペックや条件、見た目で選ばれているのではないか？　と無意識に感じてしまうものです。

そうではなく、「家を選ぶときの心の動き」や「家で積み上がっていく思い出資産」など、家を通じて自分にしかわからない心の動きをとらえたことで、すっぴんの、ありのままの自分をパートナーの前に出すことができるようになります。

「好きな家」が「最高のパートナー」も呼んできた

「家を買うときはパートナーがいなかったのに、1年後に結婚したので家を買い直すことになりました」

そう報告にいらっしゃったUさんは、家を買ってすぐによい出会いが巡ってきたそうです。

「いままで、私は自分を上げるってことをやってこなかったんです。どちらかというと、スペックが高い男性を見つけて幸せにしてもらうことが前提で。でも家も買っちゃったし、もし1人で生きることになったら自分がしっかりしないとって思って、いろんなことにチャレンジを始めたんです」

家を買うのと同時に、ずっと学びたかった学校に通い始めて資格を取り、ステップアップの転職に成功されたとのこと。そして、キャリア形成を相談していた人から、いきなり結婚を前提に付き合ってほしいと告白を受けたそうです。

「以前は自分に自信がなかったせいで、頑張って自分を強く、大きく見せていた気がします。**でも、毎日好きな家に戻ってきたら、心が素直になっていって、心に被さっていた蓋がいつの間にかなくなっていたんです。**そうしたら人に悩みを相談できるようになって。その悩みを聞いて、励ましてくれたり、時に厳しい意見を言ってくれた彼と出会うことができたんです」

ありのままの自分が自然と出てくる家と出会い、その過程でいままで他の人には見せられなかったありのままの自分を出すことができるようになったのです。

それも、他の人に弱みを見せてしまった場合、「こんなに弱いんだから守ってよ」と相手に求めていたのが、「こんな悩みを抱えているんだけど、どうすればよいと思う？」と相手の意見を受け入れながら、悩みと向き合うことができるようになった、と変化を教えてくれました。

家を持つと、相手を見つめる視点も変わっていきます。

結婚も家も、生きる目的ではありません。幸せになるための手段です。

幸せになるためのマインドを持てるようになる。その変化は、自問自答し、自分を見つめなおしながらする家探しによって育まれていきます。

家を早く買うと、お金から自由になれる

「家を買うと、お金から自由になれる」

持ち家女子のメリットとして、そんな側面があります。

「お金から自由になれるなんて、むしろ逆じゃない？」

そう思われるかもしれません。長い期間をかけて支払う住宅ローンや税金など、家を買うことには「背負うイメージ」が付きまとっていますから。けれども、家を早めに買っておくと、お金のしがらみから自由になれるところがあります。

住む場所は誰もが必要。他者に支払うか、自分のものに支払うか

住む場所は誰もが必要です。ご実家に住めている方はいいですが、なかなかそうもいきません。

ＳＴＥＰ１でも触れたように、その住む場所を得るために、家賃として他者に支払うか、自分の資産を形成していくために支払うか。支払い先により、将来が大きく変わります。何より、生活費の中で大きな割合を占めるのが住居費です。**住宅ローンが早くに終わり、住むことにお金がかからなくなると、他のことに回す余裕が生まれます。**

年齢が若いほど、稼いだお金は自己投資に回せる

年齢を重ねると、自分のためだけにお金を使えない場面が増えていく――なんともつらいですが、これが現実なのではないでしょうか。

例えば20代後半からは、定年退職した両親の家にお金を入れる。パートナーができれば、1人ではなく2人のお金として、お金の使い方を考えていく。子どもができれば教育費等、家族のためにお金を使う――。

そう思うと、自分のためにお金を使える時期は、実は20代前半の短い期間くらいです。ただ、この20代も誘惑の多い時期であり、何よりこれからのライフプランについて具体的に考えるきっかけもあまりないタイミング。

「何に使ったかよくわからないけど、でも気づくとお金がない……」

そんな経験は、誰しもあるのではないでしょうか。

もちろん、自分で稼いだお金をどう使うかは自由です。趣味に投資してもいいし、勉強のためにお金を使ってもいい。

ですが、もしこの本を読んで、「暮らしを充実させるのも、1つの手かも?」と感じたなら、家を買うこと、また家を買うための準備をすることも選択肢の1つにしてみても。家にお金を回しておけば、確実に住む場所ができ、ありのままの自分でいられる居場所を作ってくれます。自分のやりたいことにお金を回すことも、早くからできるのです。

年齢を重ねると、お金が自分のために自由に使えなくなっていきます。**若いうちに、家にお金を回すことは、将来の自由度を高めるアイデアなのではないでしょうか。**

早くに手に入れると、完済のタイミングが早まる

ローンを組む際に、多くの方は35年のローンを選びます。25歳でご購入された場合、返済時期は60歳の定年退職のタイミングと重なります。

もちろん、年収が上がるごとに毎月の返済額を繰り上げして返済時期を早めていくこと

もできます。しかし、昨今の年金受給のタイミングが繰り上がっていることなどを考えると、早めの完済が安心をもたらしてくれるのは間違いありません。

早めの完済を可能にするのが、早めのローンでもあります。

結婚前に手に入れた資産は自分のもの

ご結婚後、手に入れた資産は夫婦2人の名義のもの。だからすべて2人で半分にしていく——その場合、頭をよぎるのが離婚の不安です。もちろん、しないに越したことはないのですが、「まさか」が起こるのが人生……。

離婚の場合、特にペアローンを組まれているときは家の資産も半分になってしまいます。もちろん、家を売却するかどうかも2人の合意がとれなければ、売ることもできません。

ただ、ご結婚前に手に入れた資産はご自分のものです。どんな変化があっても、ご自分を守ってくれる貴重な存在でいてくれます。

ローンはいつまでも組めるわけではない

現実的なお話として、銀行はいつまでもお金を貸してくれるわけではありません。

健康診断にひっかかると審査に通らなくなったり、年齢制限があったりと、**「時間の制限」**があります。

逆に、年齢が若く健康的なうちに借りておくと、金利もいい条件を提示してもらえます。

銀行からお金を借りるときの契約書には、**「期限の利益」**という言葉が使われています。自分で家を購入するだけの資金を貯めるのは時間がかかります。それを銀行から借りるのは、時間を借りたようなものです。若く、元気でお金を稼げるうちに、自分の人生に必要なものを手に入れたほうが、後々の苦労が少なくてすみます。

なお、「家を買いたいけれども、転職や独立も目指したい」という方は、家を買ってから動いてください。

転職して間もなかったり、ましてや独立してしまうと、収入の保証が提示できないため、ローンをなかなか組むことができません。家を買う前に会社を立ち上げてしまった私の1つの失敗談でもあります。

人生で手に入れたいものが決まっている方は、それらを1つずつリストアップして、順序立てて手に入れていくのがオススメです。

Column

家はいつまでも借りられない

借家のお部屋はずっと借りられるかと言うとそうではなく、借りられない現実に直面することがあります。

数年前、大型台風が来たときに、屋根が飛んで雨漏りして、家主さんが建て替えるから出てほしいと言われたお客様が、急いでお部屋を探しに来店されました。

お話を聞いていると、いまのお部屋には30年ほど住んでいたとのこと。30年ぶりのお部屋探しに戸惑いながらも、いま住んでいるところからそう遠くないお部屋をご紹介すると、相場の家賃が大変上がっていることに驚かれていました。

いま支払っている家賃では住みたいお部屋が出てこず、数日間お待ちいただいてなんとか出てきたお部屋に申し込みを出してみたところ……審査が通りませんでした。

理由は、本来あってはならないお話なのですが、ご年齢とのこと。この理由が罷《まか》り通っているのはおかしいのですが、ご年齢のため、審査が通らない場面に数多く直面します。

気に入っていただいたお部屋があっても審査が通らない、通るお部屋が見つかるまで探し続ける――この作業をずっと繰り返すことになります。

「定年退職して、いま住んでいるところが高く売れそうだから売却して、そのお金でお部屋を借りにきた」

そういうお客様でも、借りるときの選択肢のあまりの少なさに売却したことを後悔して、再度購入に踏み切る方までいらっしゃいました。

いつまでも借りられないのは、ローンだけでなく借家も同じなのだと、このような場面に対面するたびに強く感じます。

住む場所は一生必要。

でも、住む場所を一生確保するのは大変だという現実がある――。

そのことを知っていただいたうえで、生涯家で幸せな時間を得続けるためにも、長い目で「自分にとっての理想の家」と向き合っていただければと願っています。

STEP 3

理想の暮らしを妄想すると……

お家って私でも買えるんだなぁ…
気になってきた…
どっちがいいんだろう…
物件サイト見てみよ
ふむふむ
今の賃料と同じ支払いでこんな広いところに？
同じ値段でいい部屋へ
それこそ買う場合の一つのメリットっぴ！
しゅるるるる
シュタッ!!
わっななぴ
買う？借りる？どっちにするかは…
芽衣子の「今」と「今後どうしたいか」次第っぴね

借りるメリットは気楽さ
退去も簡単！まだ人生の方向が決まってなければ手軽でいいよね
before
new
買うメリットは不動産という形で資産になること…だけど
簡単には売却できないし動きにくくなる
あと今のお家にいくら支払っているか考えてみて
お家を買うともちろん値下がることも
心配…
そこで
今の賃料をずっと支払っていると消えるだけのお金と
値下がりしたお金とどっちが大きかったか
どっちが大きい？
買った後に値下がりした金額
><
賃料×12ヶ月×住んだ年数
それを比較して判断するんだっぴ
なるほど…
会社から出ている家賃の手当てが買うとなくなるとか
今の賃料が安くて買うと高い…
!
そんな場合、お金の面ではメリットがないことも

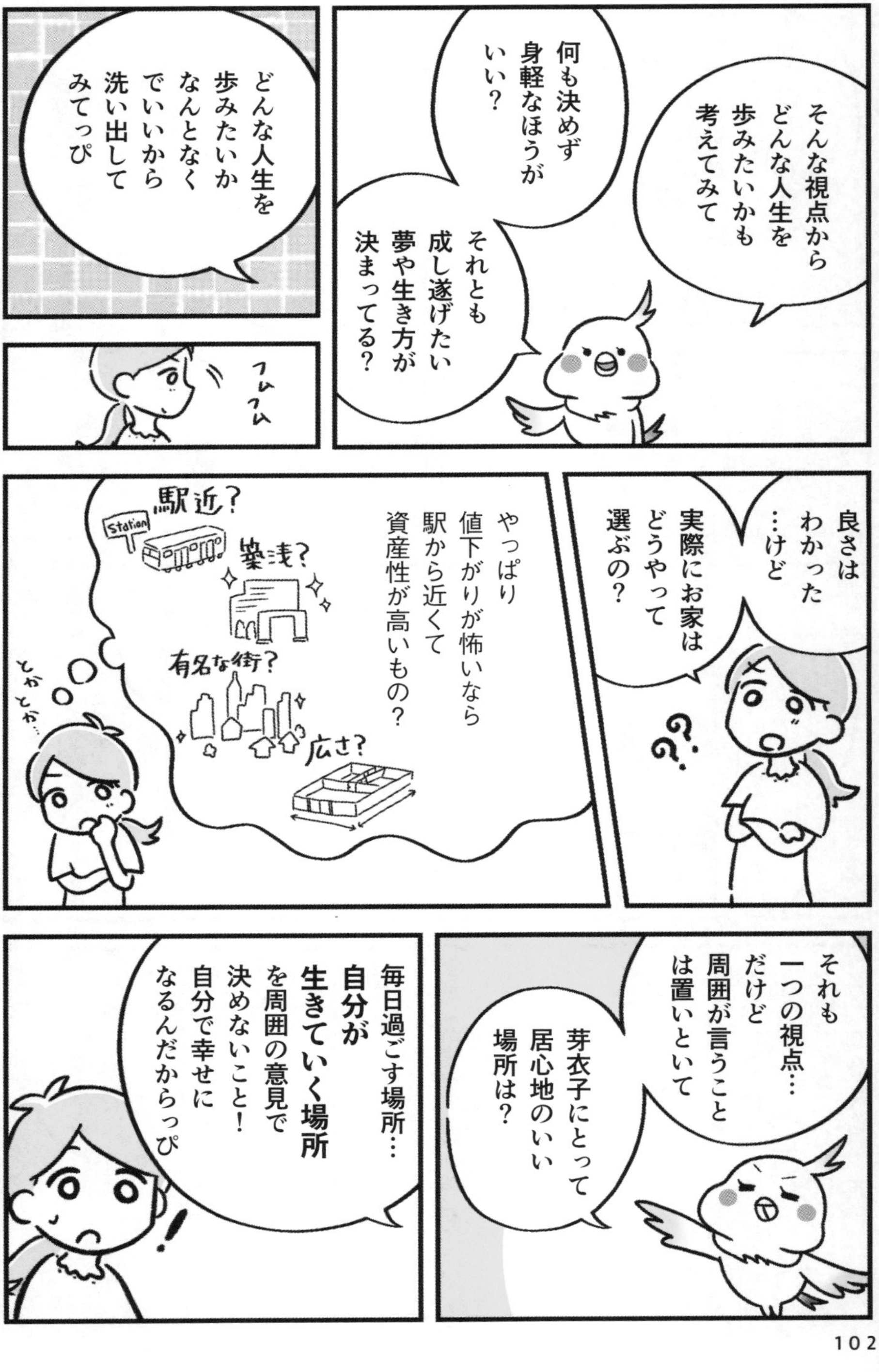
そんな視点から
どんな人生を
歩みたいかも
考えてみて
何も決めず
身軽なほうが
いい？
それとも
成し遂げたい
夢や生き方が
決まってる？
どんな人生を
歩みたいか
なんとなく
でいいから
洗い出して
みてっぴ
フムフム
良さは
わかった
…けど
実際にお家は
どうやって
選ぶの？
やっぱり
値下がりが怖いなら
駅から近くて
資産性が高いもの？
駅近？
Station
築浅？
有名な街？
広さ？
とかとか…
それも
一つの視点…
だけど
周囲が言うこと
は置いといて
芽衣子にとって
居心地のいい
場所は？
毎日過ごす場所…
自分が
生きていく場所
を周囲の意見で
決めないこと！
自分で幸せに
なるんだからっぴ
！

私にとっての居心地のいい場所…？
ふふっ
にやけてるね
めいこの妄想タイムはつづく。。。
フフフ…
それがいいの
自然とにやける生活を手に入れよう

どんな環境が必要か考えてみよう

ここからは具体的に、どういう視点で自分にとっての**「将来の家」**を考えていくのがいいのか、一緒に見ていきましょう。

将来の家のことを考えるときに何よりも大切なことは、**自分自身にとって、本当に必要なものを知っていくことです。**まさに、自問自答のステップを踏んでいくことが、自分だけの心地いい家と出会うコツです。

就職活動を思い出してみてください。

企業説明会で、世の中にはいろんな企業があることを知ります。そして、業界の動向を学んだり、企業の分析をするなかで、エントリーシートを出す企業を絞り込んでいく。ですが、就職活動においては、相手を知っていくだけでは片手落ちですよね。

そこで「自己分析」を通じ、自分自身の軸を棚卸ししたのではないでしょうか？

- 自分がどんなことに喜びを感じるのか
- この先どんなふうに働いていきたいのか
- 人生で何を重視するのか
- そのときの仕事選びの軸は何か

就職が「ご縁」といわれるように、家と自分の間にも「ご縁」や「マッチング」は存在します。いいご縁をいただくためには、相手のことを知るだけでは十分ではありません。相手を知り、自分をしっかりと知っていくことが必要です。

「将来の家」を考える具体的な手順

将来の家を考えていく際に必要となる視点は2つです。

- いまの自分が居心地いいと感じる環境はどんなところですか？

・将来の道はどんな選択肢を考えていますか？

この2つの答えにたどり着くためには、まず、「どんないま」を送りたいか、を考えてみましょう。

「いま」のあなたが喜ぶことはなんですか？ 実際に書き出してみてください。

私がやってみると、こんな感じになります。

・寒い冬にあったかいお風呂に浸かりたい
・ペットの犬のもふもふした毛を撫でていたい
・朝起きてリビングの扉を開けたら、さーっと気持ちのいい日の光が注いでほしい
・寝室の扉を開けたら柑橘《かんきつ》系のアロマの香りがふわっと自分を包み込んでほしい
・集中できる自分だけのスペースで趣味に没頭したい
・マッサージチェアでマッサージされながら寝てしまいたい
・横たわれるソファでころころしながら漫画を読み漁《あさ》りたい
・トイレに行ったとき、座ったら便座があったかくほっとしたい

- ベッドで大の字で寝たい
- 2枚重ねのふかふかしたお布団に入ってほこほこしたい

毎日の小さな瞬間で感じている喜びの時間を思い出してみてください。それがイメージできたら、もう少しどういう家を求めているか深掘りするため、次の**「自問自答リスト」**に答えてみましょう。

自問自答リスト

- □ いま住んでいる家を見渡してどう感じますか
- □ 居心地がいいなぁと感じる場所はどんな場所ですか？ これまで行ったことがある友人の家、ホテル、カフェ、さまざまな場所を思い出してみてください
- □ これから、家で過ごす時間をどうしていきたいと思っていますか
- □ リビングや寝室では、どのような過ごし方をしたいですか

☐ 家で趣味や仕事はどのようにしたいですか
☐ 家の環境の中で重視するものを1つだけ選ぶとしたら、何を選びますか（日当たり？　眺望？　立地？　広さ？……etc）
☐ 家の日当たりがどんな感じだと嬉しくなりますか
☐ 窓からの景色がどんな感じだと落ち着きますか

答えるのに時間がかかっても大丈夫。**自分と向き合った分だけ、「自分だけの心地いい家」を引き寄せることができます。**

じっくり取り組んでみてください。

リモートワークに適した家を見つけた女性

お客様のBさんは、当初は東京都目黒区の中心部での物件購入を考えていました。

当時のBさんはコロナによるリモートワークが朝から晩まで続いていたこと、そして日当たりの悪い部屋にずっといたことで、なかなか思うように気分転換ができないのが悩みでした。

ヒアリングを進めていくうちに、浮かび上がったキーワードは**「心のオアシスをくれる家に住むこと」**。それは例えば、在宅勤務に疲れて、休憩したソファの上で、差し込む日の光を浴びて心落ち着けるひととき。週末はソファに寝っ転がって読書をするひととき。そんなリビングで過ごす時間がBさんの今後のライフスタイルには必要不可欠だとわかってきました。

そのためには一定の広さのリビングと、リモートワークでも窮屈に感じない仕事部屋が必要でした。ですが、希望エリアで一定の広さの家に住もうと思うと予算オーバーです。結果、アクセスよりも広さを重視したエリアで家の購入を決めました。

その家の窓からは川が見えて、川の反対側には開発された街が広がります。昼の時間帯は川沿いをランニングする人たち、グラウンドでサッカーを楽しむ子どもたちの姿が見えて、夜になると、川向こうにビル群が光を放ち、夜の街をきらきら照らす夜景が広がります。

外の景色は1日として同じ日はありません。窓前が開けているので、優しい太陽の光が差し込み、今までになかった心地のよさを感じられます。

また、広さを重視したため、自分だけの仕事空間も得ることができ、オンオフを家の中で使い分けることもできました。

アクセスは譲ることになりましたが、家での時間がどうだったら居心地がいいのかを自問自答した結果、選んだ家です。

当初思い描いていた家のスペックと、自問自答した結果の重視するべきポイントは必ずしも一致しないことが多いです。

そのときは、ぜひ、自分が家での時間で何を求めていて、どんなときに喜びを感じるのか、どんな場所に居心地のよさを感じるのか、できる限り具体的にイメージしてみたうえで、「自問自答」の結果を重視してみてください。

将来のライフプランを思い浮かべてみよう

自問自答した結果、自分にとっての居心地のいい環境が見えてきましたか？

そうしたら次に、少し長期的な目線で、

「どんな人生が今後自分を待っていそうか？」

「そのときにどんな人生の分かれ道があるのか？」

をイメージしてみましょう。


女性の人生には、自分ではコントロールしきれない要素がいくつかあります。

仕事をしたい、と思っていても出産直後の赤ちゃんがいる状態では、育児を優先することになります。また、妊娠初期のつわり期間に、思うように仕事ができない期間がある方もいます。

結婚のタイミングはもちろん、妊娠、出産、介護などのライフイベントに応じてそのとき優先できることが、自分の意思を問わず決まってしまうことがあります。

家族が増えるなど、人生の折々に起こるライフイベントは素敵なことも多いですが、そうした可能性を事前に認識できているか、あるいは「出たとこ勝負」で迎えるかでは心の持ちようが違います。

「自分の人生の分岐点はどこにありそうかな？」

それを事前に見つめておくことで、あらゆることを受け止める土台がつくられます。

人生の分岐点リスト

場所篇

- □ 将来は地元に帰りたいか
- □ 都心で過ごしていきたいか
- □ 海外で暮らしてみたいか

家族篇

□家族構成はどうありたいのか
□結婚したいか
□1人で過ごしたいのか
□夫婦2人でという選択を考えているか
□子どもはほしいか
□何人ほしいか

仕事篇

□独立して自分でやりたいことをやっていきたいか
□今の会社でどんどん頑張っていきたいか
□在宅ワークがメインになりそうか
□結婚しても仕事を続けたいか
□専業主婦になりたいか

生活篇

- □今後も続けていきたい趣味はあるか
- □ペットを飼ってみたいか
- □家に人を招きたいか

このリストはあくまで一例です。これ以外でも自分の中でこれは外せない、というライフイベントをぜひ書き出してみてください。

「買うか借りるか問題」も、あなたの視点から考えよう

どんないまがいいのかを考え、そして自分の人生の分岐点がどこにありそうかも考えてきました。
最後にこの２つを突き合わせてみます。その際には、**今：人生＝２：３**の重みづけで考えてみてください。

毎日の生活レベルで求めていること＝２
×
人生レベルで求めていること＝３

ここで見てみたいのは、**「人生レベルで求めていることの方向性が決まっているかどうか」**

です。この2つを突き合わせて考えたときに、「人生レベルでこれだけはやっておきたい！」という何かが見えていますでしょうか。

その部分がしっかり決まっている方もいれば、まだ何がしたいのかよくわからず、「いろんな選択肢がある」と眺めている状態の方もいらっしゃると思います。

「必ずこれはやりたい」という方向性が決まっている方

そんな方向性を持たれている方は、大変羨《うらや》ましくもあります。自覚の有無を問わず、あなたの人生の方向性はある程度決まっています。

家についても、借家なのか、購入なのかは、その方向性に合わせた選択を。買われる方は、その大切な夢を握りしめながら、一軒家なのか、中古マンションなのか、新築マンションなのか——夢を叶えるためにはどんな家が必要なのかを考えてみてください。

「どんな場所に住むか」も、夢を中心に考えるのがオススメです。

まだいろんな選択肢を眺めている方

いろんな可能性があるけれど、自分はこれから何を選ぶんだろう？　と感じている方。

いま、この本を読んで、「家を買うのも1つかも?」と感じていますでしょうか。

そんな方ほど、実は家を買うことで得られることがたくさんあります。

コントロールしきれない女性の人生を自分で主体的に設計し、優先順位を定めていく中で、「家に求めること」も自然と定まっていきます。そのプロセスを持つことそのものが、自分の人生の主人公にしてくれます。

まだ人生が見えてこないと感じている方こそ、このプロセスを体感いただくことで人生が広がっていきます。

35歳までに一度は本気で買うことを考えてみる

人生の主人公として生きるために、一度は、人生の大きな決断の時期を自覚的に迎えてほしい。**その区切りは35歳**というのが私の持論です。例えば、20代から30代前半をこのように意識して過ごすのはどうでしょうか。

- 22〜26歳：どんな人生の選択肢があるのかを情報収集し、お金・情報・人脈等しっかりと蓄えをつくる期間
- 26〜30歳：具体的に人生を進めるためのアクションを起こしていく期間
- 30〜35歳：家を買う？　結婚する？　資産形成する？　起業する？　転職する？　など人生の方向性を決める決断をする時期

30〜35歳は貯蓄も社会経験も増え、自分で自分の責任を取って決断できるタイミングです。この「決断するタイミング」を逃してしまうと、自分の人生の手綱《たづな》を自分で握っているのだという実感を得られなくなってしまいます。

すると、どんどん周りが気になり、結果、常に誰かと比較して羨んでばかりになってしまう、「いつでも隣の芝は青いね」状態になることも。

他人と比較して決めたことは、本来欲していたものではありません。本当に必要なものではなく、人生のおまけに過ぎないのです。

35歳を1つの区切りとして、一度本気で人生と向き合い、将来の家をどうするかを検討してみてください。

もちろん、家を買わないことも人生の選択です。ただ、「買わないで得られる人生の自由」をどうとらえて、どう活用していくのか――そこにしっかり向き合うことで、自分の人生をコントロールできるようになっていきます。

「もう35歳過ぎてしまった……」と思われた方も、年齢はあくまで区切りの目安です。気づいたとき、もう一度、人生の手綱を握りなおすところから始めましょう。

ワンルーム投資の話には気をつけて！

ここまで家を買うことのメリットをお話ししてきましたが、不動産を購入するのは、カンタンではありません。年収や勤続年数などの条件や、自己資金で用意しなければいけないお金の準備など、一定の条件をクリアする必要があります。

また、住宅ローンを組む前に他のローンを組んでしまうと、住宅ローンが組めなくなることもあります。

例えば、普段のお買い物でリボ払いをしてしまい残債が残り、ローンの枠がないこと、また、昔クレジットカードの支払いを遅れたことがあり信用情報面で引っかかってしまうことなどが挙げられます。

最近増えている相談は、年金代わりに新築ワンルーム投資マンションを購入してしまったという事例です。

特に、20代前半の女性に多いのですが、「老後、年金がもらえないかも」という不安から、将来のためにワンルームマンションを購入。家賃収入で老後をまかないましょうというものです。

ですが、詳細を聞くと、毎月の収支は赤字。投資用ローンを組んでいますので、金利条件は住宅ローンとは比較にならないくらい高いです。

販売した営業の人の話では、毎月の収支は赤字でもそれは数千円の話、ローンを支払い終えれば自分の資産となり、その後の家賃は全て収入になり、年金代わりに安定的な収入を得続けることができる、とのこと。

けれども、月額数千円でも、ずっと収支は赤字です。また、新築時は家賃を高く貸し出せますが、年数が経てば家賃価格は落ちます。

そして……のしかかってくるのは家賃の下落だけではありません。マンションそのものの老朽化にともなって修繕積立金は値上がりしていきます。

築年数が浅いうちは借り手がいても、築古になれば、借り手がずっと付く保証などありません。何よりも、自分のための家を買いたいとなったときに、すでに投資用ローンを組んでいると、住宅ローンが組めなくなる可能性があります。

ご自身の年収倍率の枠がまだ残っていればいいですが、ほとんどの方は、ローンの枠を全て使い切って、投資用ローンを購入されています。

自分の家は買えない、赤字のワンルームマンションを持ち続けなければいけない——結果的に、まだ傷が浅いうちに、そのワンルームマンションは早めの売却をすることになります。

悪い不動産会社も多く、気づいた頃合いに、売った不動産屋が「売却のお手伝いをしますよ」と声をかけてきて、購入したときよりも随分安い値段で買い叩かれることも……。

20代の若い女性の方々がそんな話に乗ってしまった姿を多く見てきました。将来の不安からお金のことを考えて、情報を得た結果がこれでは、本当に悔やまれます。

不動産を所有することは決して悪いことではありませんが、所有するものがどういうものであるか、よく理解する必要があります。それに、不動産は決してカンタンに判断していいものではないと心得て、第三者の意見も聞いたうえで判断することが大切です。

家を購入する際は、本件も頭の片隅に残しながら検討してください。

2023 winter **飛鳥新社のベストセラー**

にゃんこの姿と一緒に四字熟語が浮かんでくると大評判！

にゃんこ四字熟語辞典2

西川清史［著］

針小棒大
逃がしたネズミはこんなに大きかったにゃ

物ごとを大げさに言うこと。

犯行現場

犯罪が行われた、その場所。

不平不満

気に入らないことがあって、心が穏やかでないこと。

世界で一番可愛らしくて
ほっこりできる四字熟語辞典

シリーズ累計22万部

NEW
西川清史
にゃんこ
四字熟語辞典
2
なぜ猫はこんなに可愛いのか？
答えがここにある。
田中裕二 熱烈応援

にゃんこ四字熟語辞典2

978-4-86410-934-5／1,540円

西川清史
にゃんこ
四字熟語辞典
凄い特殊な事してる!!!
でも凄い理解しやすい!!!
なんやこれ!!!
山内健司 強力推薦

にゃんこ四字熟語辞典

978-4-86410-877-5／1,540円

STEP 4

実際に家を探してみよう！

イメージに合うお家
どうさがす？
その1 買う目的を決めよう！
どれくらい？？
なぜ買いたい？自分に聞いてみよう
ピンとこない人は「買ったらそこに何年住む？」を考えてみよう
どうしたい？？
なぜ買うの？？
その2 住みたい街を探そう
実際に降りてみた駅って何個ある？
歩いてみるとなんとなくわくわくしてくる街
お店を見て回っているといつの間にか時間が経っている街があるっぴよ
Station
いろんな街歩きしてみよう！
その3 お家でどう過ごすか想像してみよう
リビングとキッチンは特によく想像して
優先順位で迷ったら
起きてる時に過ごす時間が長い場所を優先してっぴ

その4
仕事・
趣味との
関わり方
リモートが増える？
副業をしたい？
仕事もするなら
集中できる
スペースを確保
ワークスペースはこじんまりしてると
集中しやすいよ！
昔夢中になった
趣味をもう一度
始めるのもいいよ
しゅみ

その5
予算の
洗い出し
自分がいくら
借りられるか
知ろう
銀行の仮審査に
出せば
年収から
調べられるよ
最近は
ネットからでも
簡単！
！
？？
今よりも高くていい？
それとも安くしたい？
月額はいくらまで？
シミュレーションして！

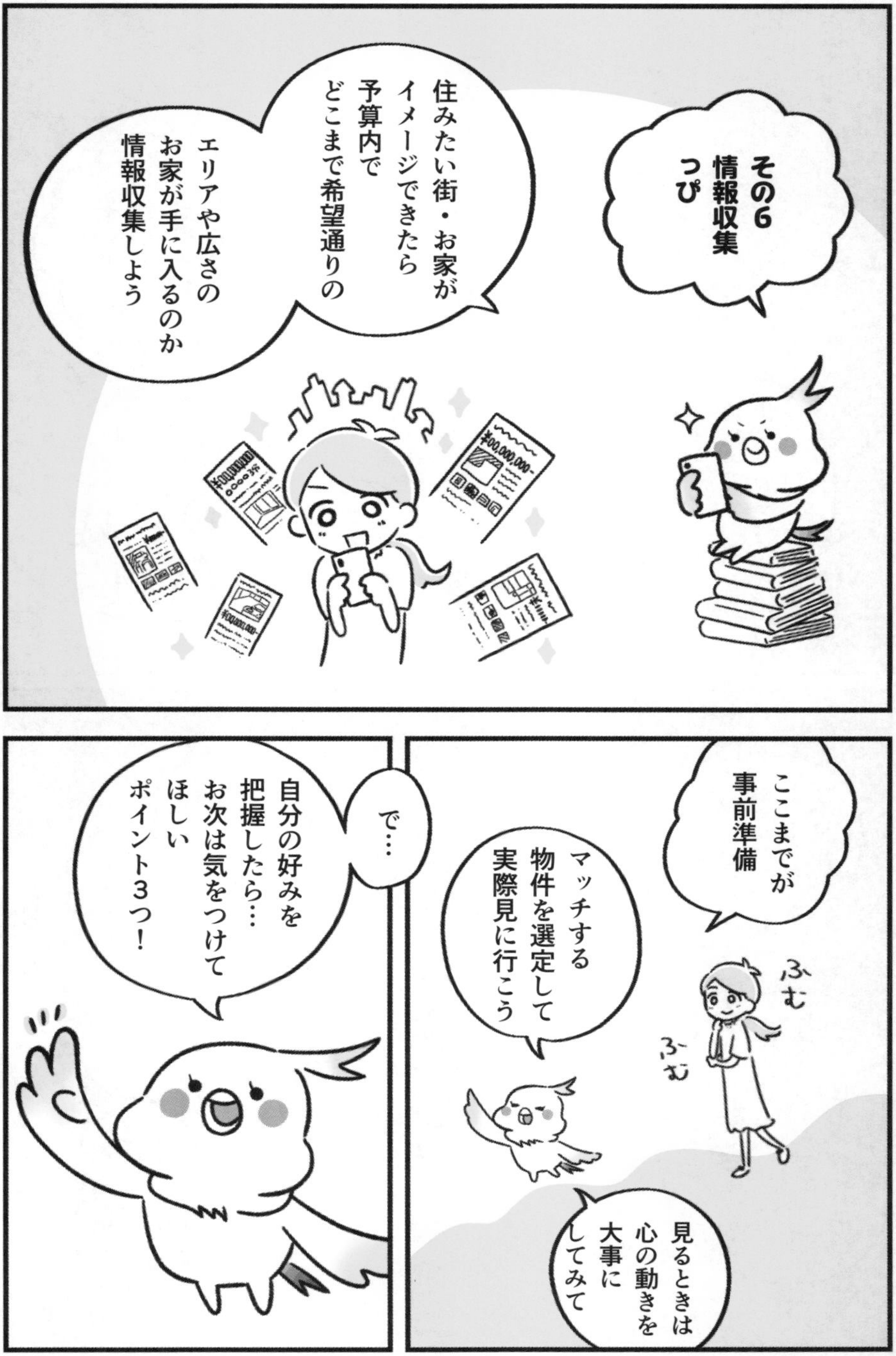
その6 情報収集つぴ
住みたい街・お家がイメージできたら予算内でどこまで希望通りのエリアや広さのお家が手に入るのか情報収集しよう
ここまでが事前準備
マッチする物件を選定して実際見に行こう
ふむ
ふむ
見るときは心の動きを大事にしてみて
で…
自分の好みを把握したら…お次は気をつけてほしいポイント3つ!

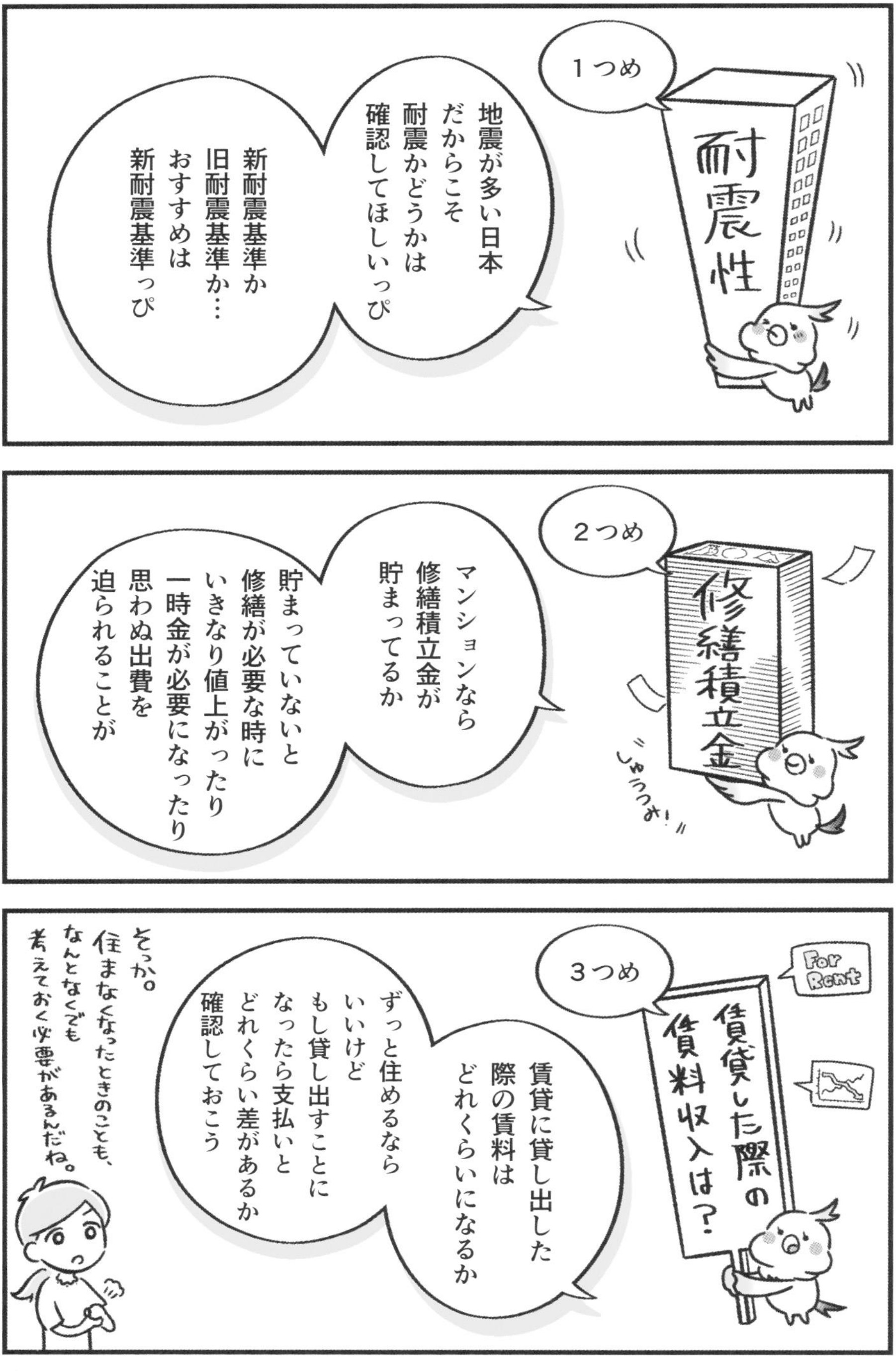
1つめ
耐震性
地震が多い日本だからこそ耐震かどうかは確認してほしいっぴ
新耐震基準か旧耐震基準か…おすすめは新耐震基準っぴ
2つめ
修繕積立金
しゅうつみ!
マンションなら修繕積立金が貯まってるか
貯まっていないと修繕が必要な時にいきなり値上がったり一時金が必要になったり思わぬ出費を迫られることが
3つめ
For Rent
賃貸した際の賃料収入は?
賃貸に貸し出した際の賃料はどれくらいになるか
ずっと住めるならいいけどもし貸し出すことになったら支払いとどれくらい差があるか確認しておこう
そっか。住まなくなったときのことも、なんとなくでも考えておく必要があるんだね。

数字から決めない

「自分のライフスタイルを見直した結果、買うほうがよさそうなことはわかったけど、具体的にはどうすればいいのでしょうか……」

買うことを決めたときにいただく質問ナンバーワンは、「家の探し方」です。

さて、家を探そうと思ったら、まず何からしますか？

「○○平米以上」「2階以上」「駅徒歩5分」など、条件で検索をかけていくことが一般的だと思います。

ですが、数字的な条件から考え始めるのは、一旦やめてみましょう。

数字的な根拠や理由を考えるのは後からで、まずは「自分が家でどんな暮らしをしたいのか」という暮らしのイメージを、具体的に膨らませるところから始めてみてください。

「家探しは自分探し」です（一緒に住む相手がいる方は、「家探しは自分と相手探し」になります）。

自分の人生に納得して自信を持って生きていくためには、オリジナルの優先順位を持って家と向き合うことが必要です。

家を条件だけで見ても、その家で過ごすイメージは目に浮かびません。条件を考えるのは、自分の中の優先順位と向き合った後で大丈夫です。

このＳＴＥＰ４では実際に家を探すときの流れを、７つのポイントに分けてご紹介していきます。

家探しのルール その1

買う目的を明確にしよう

「毎月の家賃がもったいないから家を買いたいです」

これは、家を買いたいというお客様に一番多い理由です。たしかに「家賃がもったいない」は、買う目的の1つでしょう。

ですが、「家賃がもったいない＝家を買う」というだけでは、残念ながらいい家に出会うことはできません。

「何のために家を買いたいか」で、オススメできる家が異なります。中途半端な理由では、住んでしばらくしたら飽きてしまうような家にしか出会えないのです。

そもそもその家にずっと住みたいと思えないなら、賃貸のままでよかったということにも。すぐに引っ越してしまうなら、賃貸のほうが身軽に動けるからです。

とはいえ、「家を買う目的をはっきりさせる」とはどういうことでしょうか。

「なぜ家を買うか」という目的を、自分の人生という長期的な目線で落とし込むと、わかりやすくなります。

よくある検討ポイントを、Q&A形式でお伝えしましょう。

Q

「家賃がもったいないから家を買いたい。でも住む期間は2～3年の短期で考えている。それ以降は海外や地元など、いまとは違う場所に住みたい」

A

2、3年という短期の場合、買うメリットはほとんど享受できません。購入時には、物件の費用だけではなく、各種手数料を含んだ諸経費も支払わなければいけないことを考えると、ローンを負ってまで買うよりも、動きやすい賃貸のほうがいいという考え方もあります。

短期の住まいであっても、「20代のうちに住もうと決めていた夢のお家があり、そのお家は買わないと手に入らない」だとか、「早めに資産形成して将来は貸し出し、賃料収入を得られるようにしておきたい」など、自分だけの具体的な理由がないか考えてみましょう。

Q

「暮らしを充実させるために買いたいけど、正直なところまだ将来が固まっていなくて、どのくらいその家に住むのか、見当がつかない」

A

自分が住みたいと感じ、かつ、自分が住まなくなったときに賃貸に貸し出しやすい家を探してみましょう。先々のライフプランがまだ見えていない場合は、賃貸に貸し出す際にどうなるか、という視点が特に重要です。都心部であれば、駅からは10分圏内、戸建ではなく、変化に耐えやすい中古マンション物件を選ぶことをオススメします（貸し出しやすいという目線を持つ理由は、STEP4のコラムで説明します）。

Q

「カップルで同棲を始めたい。一定期間は2人で住むことを考えている」

A

お子様がいらっしゃらず、2人での生活が続く場合もありますよね。この場合も先ほどと同様、家族構成の変化が決まっていないので、どのくらいの期間住むかまだ見えない場合も多いと思います。都心部から離れすぎず、変化に耐えやすい「貸し出しやすい物件」を探されるのがオススメです。

2人で新しい生活に踏み出されるとき、最初にしていただきたいことは、2人の話し合いの時間を持つことです。「家を買う」という大きな決断をすると、自然とお互いに将来を現実的に意識し合うようになります。高額なものを35年というローンで購入するという覚悟から、です。

2人で話し合い、理想の暮らしを描きながら物件を探しましょう。この話し合いを持つことで、2人の将来のイメージがすりあわされていきます。

また、普段なかなか見えないお互いの価値観も見えてくるでしょう。そのときは「自分にとって」ではなく、「2人のこれからにとって」大切なことは何かを、一番大切にしてみてください。

Q 「将来何があっても住める場所を確保しておきたい。そのため、基本的にはずっと住みたい」

A 一生お気に入りの家に住んでいくと決めた方は、賃貸に貸し出した際の目線や転売時の資産性は重視する必要はありません。自分の一生がどうだったら幸せなのかを丁寧に棚卸ししたうえで、「心が喜ぶ家」を買ってみてください。お金の面は取り払い、自分が一生住む場所がどんなところであれば幸せなのか――これをしっかり落とし込み、具体的にイメージすることが大切です。

Q

「子どもが産まれるため今の家が手狭に。家族で住む念願のマイホームを手に入れたい」

A

一定の長い期間をその場所で過ごすことになりますが、この場合、家族構成の変化を想定しているかどうかで、選ぶ家が変わります。

家族が今後も増える予定があるか。お子さんが小さい場合は、小学校に上がる段階で教育面から転居する可能性はあるか。もし数年以内に転居も想定している場合は、比較的売却や賃貸に出しやすいマンションを検討しておくのがオススメです。

一方で、お子さんと一緒に豊かな生活をするため、長期的に住む場所を確保されたい方は、一戸建てでも、マンションでも、お子さんと一緒に送られたい暮らしをイメージして選んでみてください。

お子さんがいる方は、本来は戸建てに住んだほうが、駐車料金がかからない、お子さんが走り回っても周囲を気にすることがない、などのメリットがあります。しかし、戸建てはマンションよりも売却や賃貸に出しづらいデメリットもあります。

転居の可能性がある方は、次のステップに進みやすい、中古マンションがオススメです。

逆に転居の予定がなく、基本的には一生住むことを想定されている場合は、新築マンションでも、一戸建てでも、どれでも構いません。条件を取っ払って、家族みんなが毎日を豊かに暮らせる家を探してみましょう。

これらはあくまで一例ですが、このように「何年、何のために手に入れるのか？」という目的を、自分の目線で考えてみてくださいね。

家探しのルール その2

住みたい街を探そう

家に求めるものは人それぞれ異なります。買う目的を明確にしたら、次は自分が住みたいと思える家に出会うため、オリジナルのチェックポイントを考えていきましょう。

家選びは、大きくは「街」と「家」の2つの視点で成り立っています。

まず、どんな街に住みたいかを思い浮かべてみてください。そして、次のような視点から住みたい街を洗い出してみましょう。

街選びの視点

1 勤務先へのアクセス

仕事を重視する方にとっては、勤務先へのアクセスは大変重要です。リモートワークが増えてきたものの、いつまで続くかは誰にもわかりません。

会社には週何回出社が必要か、朝何時から夜何時まで出勤しているのか、勤務先へは何で移動するのか――これらによって住むエリアが異なります。

徒歩、自転車、車、電車などの移動手段の中でどれがいいのか考え、電車なら乗り換えは何回までか、ドアToドアで何時間以内ならOKか、これまでの経験とともに決めておきましょう。

また、**「その会社に後何年勤める予定か」**も大事な視点です。長期的に勤めることを考えていない場合は、勤務先へのアクセスは優先順位を低くして、他の事項の優先順位を高くしましょう。

2 実家への帰りやすさ

両親が近くにいてくれると、安心をもたらしてくれることがあります。子どもが産まれたときは手助けをしてくれ、万一両親が病気になったときもすぐに帰って様子を見ることができます。

実家との距離感がどれくらいだと居心地よく感じるのかによって、重要度が異なります。

ご家族との関係を考えながら、実家との距離の重要性を考えてみてください。

3 住みたいと感じる街に住む

一番オススメしているのは、**理屈抜きで住みたい街に住むこと**です。

駅から家までの道のりがワクワクして、毎日楽しくなる街。

どんなに会社やプライベートで嫌なことがあっても、帰ってくれば、なんだか上を向いてしまう街。

そんな自分だけが感じられる「住みたい街の条件」が、きっと誰にもあるはずです。

もし、まだそんな街が見つかっていない方は、ぜひいろんな街を見て探してみてください。駅1つ1つ、実際に降りて歩いてみると、全く異なる顔をしています。

お気に入りの街を見つけるためにも、街歩きは大事な一歩。いろんな街を見たうえで、住む場所を選ぶ際に重視することは何かを落とし込んでみましょう。

- 例：駅を降りたときに落ち着いた雰囲気があること、商店街があること、おいしいごはん屋さんがたくさんあること、再開発地域で街の変化を感じられること……etc

4 お子さんがいる方は学区や保育園の入りやすさ

お子さんがいらっしゃる方、生まれる予定の方は、学区の教育レベルや保育園事情、行政サービスなども確認しておく必要があります。

学区だけではなく、緑豊かなところで育てたいのか、それともしっかり学習させたいのか。お子さんと一緒に話し合ってみるのもいいと思います。

住む場所により、出会う人が変わります。その影響は、お子さんにとっては大きいもの。どんな人たちと出会ってほしいのかも街選びを考える際の検討ポイントになります。

● 例：共働きのため保育園の延長保育がある場所がいい、待機児童の少ない区がいい……etc

家探しのルール その3

どんな暮らしがしたいのか思い浮かべよう

いろんな街を歩いてみて、住みたい街のイメージができたら、今度は住みたい家のイメージを描いてみましょう。ここではできる限り、具体的にするのがポイントです。

家選びの視点

1 間取りと広さは？

住む人数は何人？ 将来的に増える予定があるか？ 何年くらい住む予定？ お子さんの予定やリモートワークの状況などを加味すると、必ず必要な部屋数はどの程度？——などなど、将来必要な間取りがどうなるかを想定したうえで、広さを考えてみましょう。

・例：今回は1人で住むための家なので、広さは要らずこじんまりしたところのほうが居心地いい／夫婦2人ともリモートワークが多いため2LDKは必須／将来子どもを考えているため、荷物が増えることも考えて広さは優先度高くしたい……etc

2 外観は気にする？

マンションを検討する場合、家の構えはどのくらい重視するかを考えてみましょう。気にするなら築年数が新しいもの、気にしない方は築年数が古いリノベーションなど、軸決めの1つになります。

・例：自宅に帰ってきたときに、「帰ってきたな」という気持ちになりたいため、できるだけ立派なファサードの物件がいい／外観なんて気にしないので部屋が綺麗であればOK……etc

3 リビングとキッチンは？

女性にとってリビングとキッチンは大事な場所です。**家の優先順位で迷ったときは、「起**

きている間、過ごす時間が長い場所」を優先してみてください。

キッチンはカウンターキッチン？ 壁付け？ リビングではどんな過ごし方・くつろぎ方をしたい？

・例：リビングで外の景色を楽しみながらソファに体を預けて本を読むようなくつろぎ方ができたら理想……etc

4 寝室の使い方は？

睡眠時間を大切にしたいから、大きなベッドで眠りたい？

ご夫婦の場合はベッドをどのように置くことを考えている？

寝室に求めることを確認しておきましょう。

・例：夫婦の寝室だが、シングルベッドを2つおいて眠ることを想定している／子どもが産まれた際には一緒の部屋にベビーベッドを置きたい……etc

5 バルコニーもチェック

バルコニーに置きたいもの、またはバルコニーでやりたいことはありますか？ このポイントまで考えておけると、豊かな暮らしにつながります。

- 例：子どもがいるため、夏はバルコニーでビニールプールを出して水遊びができることが理想。それが可能な広さのバルコニーがあればいい……etc

家の視点では各部屋での過ごし方をそれぞれ具体的にイメージしながら、オリジナルのチェックポイントを作ってみてください。

全てのチェックポイントのうち、絶対に譲れないものを1つだけ決めておくことも重要です。

条件がそろわないときでも、その1点を起点に組み立てていくことができます。

家探しのルール その4

仕事・趣味との関わり方を考えてみよう

オリジナルのチェックポイントを作っていくときに、意識的に盛り込んでほしいのが「仕事と趣味」の視点です。

もし、現在携わっている仕事が楽しくて、やりがいを感じている方は、仕事の優先順位を高めてみてください。

リモートワークが多い方は、どういう場所で仕事に打ち込めば集中して成果が出せるのかを考えて、家を「仕事場」としての目線でも見てみましょう。

広い部屋よりもこじんまりと囲われている空間のほうが意外と集中できる、とのことで、クローゼットを仕事場にされている方も多くなりました。

また、プライベートの時間を大事にされたいという方は、「趣味」の目線を持ってみましょう。

もしばらくその趣味からは遠ざかっていたとしても、もう一度再開するとしたら、各部屋でどんな過ごし方ができそうでしょうか。趣味のメガネをかけて、洗い出したチェックポイントを再度見直してみてください。

本来、仕事と趣味の視点は両方向持ったうえで、家選びをすることをオススメしています。

日本人は真面目で、仕事は無理してでも頑張っている方が多いですが、趣味となると、当たり障りない一般的なものを並べる方が多い印象です。

ですが、趣味を持つ効果はさまざまな研究報告が上がっており、サンフランシスコ州立大学の研究によれば、クリエイティブな趣味を経験した人は約15〜30％近く仕事の成果が上がったとの結果を示しています。

仕事の自分と趣味の自分を使い分ける

趣味の時間を大事にすると、仕事との切り替えができる効果があります。仕事でミスをしたとき、「仕事のときの自分」は「自分が悪い」と責め続けていたとしても、「趣味のときの自分」の目線で見ると、客観的に原因と対策を見つめ直すこともできます。

いま好きなことがないという人は、過去自分が好きだったことはなんだったか思い出せますか？ 社会人になってしばらく時間が経っていると、忘れていた好きなことがあると思います。

かつて、私が会社を始めたときは、毎日事業を回すことで精一杯で、家に帰ってもずっと仕事のことを考えて、心休まる日がありませんでした。そんな最中にコロナ危機に出会います。毎日忙しかったのがピッタリ止まり、売上も減少。時間ができることで不安が募《つの》るばかり……。

そんなある日のことでした。

実家に戻った際に、昔から好きだったピアノを弾いてみると、驚くほど心が落ち着いていったのです。 無心になって、ピアノの音色を聞いていくうちに、乱れてぐちゃぐちゃになっていた頭の中がすっきりしていく——ピアノを弾き終わって心と向き合うと、なんで自分が会社を始めたかったのかをふと思い出していました。

女性が自立して自信を持って生きていけるお手伝いをしたい。出発点だった想いを、「社員を雇用し続けないと」「売上を上げ続けないと」などといった観念に絡まれているうちに、いつしか忘れていたような気がしたのです。

ピアノに没頭した後で、ビジネスを始めたときに大事にしていたことや、売上が関係なかったら自分はどうしたかったのか、などの棚卸しができたことで、顧客を見直し、ビジネスの方向性を変えるきっかけになりました。

それは、無心になる時間に、客観的に自身のことを見直し、心を整えてくれる効果があることを実感した瞬間でした。

毎日を忙しく過ごしているうちに、仕事と日常生活を回すので精一杯になってしまいがち。そんなときこそ、趣味の時間が自分を大切にし、心と向き合うきっかけをくれます。

そんな趣味の時間をどの部屋でどう過ごせそう？

その趣味を楽しめる街選びとなるとどうなる？

そんな視点を、ぜひ意識的に入れてみてください。

家探しのルール その5

予算を知ろう

ＳＴＥＰ２では、年収４００万円以上が１つの目線と述べましたが、それはあくまでも一般的な目線です。

実際に自分がいくらくらいのマンションを購入できるか知るためには、銀行の住宅ローンの仮審査を出してみましょう。

預貯金で自分の家を買える方はいいですが、ほとんどの方は、銀行からお金を借りて、家を買います。

最近では、ＷＥＢ上でカンタンに住宅ローンの仮審査に申し込むことができ、年収や保有資産などを入力することにより、いくらくらいの借入ができるか数日で回答を受け取ることができます。

まだ準備段階で、仮審査を出すほどまでは……という方は、住宅ローンの審査基準を知っておくのがオススメです。

審査基準をある程度把握しておけば、今は買わなくても、どの項目を頑張っておけばいいのかがわかりやすくなり、目標も立てやすくなります。細かい審査基準については、この後153ページからご紹介します。

家探しのルール その6

情報を集めよう

予算がある程度見えてきたら、実際に物件情報サイトを見て、希望する物件を探してみましょう。予算内ではどんな家が買えるかを把握しつつ、洗い出した優先順位の中で譲れないものから選んだ場合にどんな家になるのか、情報を収集してみてください。

家探しは「家」と「街」の視点で成り立っています。**希望の街で希望の家が出てこない場合は、街を変えることによって、それが出てくることもあります。**

全てを満たすのは難しいことが多いので、「家」と「街」のどちらの優先順位を高くするかは、現実と照らし合わせながら、探し直してみてください。

「でも情報を集めるってふつう最初にやったほうがいいのでは？」

そう思った方もいるかもしれません。でも、情報集めからスタートせず、6番目にしているのには理由があります。ここまでに出てきたルールを振り返ってみましょう。

- ルールその1　買う目的を明確にしよう
- ルールその2　住みたい街を探そう
- ルールその3　どんな暮らしがしたいのか思い浮かべよう
- ルールその4　仕事・趣味との関わり方を考えてみよう
- ルールその5　予算を知ろう
- ルールその6　情報を集めよう

こうして並べるとはっきりすると思いますが、「ルールその5」まで終えてからでないと、何を探せばいいのかがわかりません。にもかかわらず情報を集めようとすると、「とりあえず一般的に言われている、勤務先から何分圏内、駅から徒歩何分圏内、築浅で、広めのもの……」という探し方になってしまうからです。

それでは、あなたの家ではなく、世間一般的に言われている家になってしまいます。視野が狭まってしまいますので、ここまで紹介してきた順序を守ってくださいね。

家探しのルール その7

実際に家を見てみよう

情報収集が終わったらいよいよ家を見に行きましょう。どういうお部屋が気に入るのか、現地に行かないとわからない感覚的なものを感じに行きます。

次のSTEP5で詳しくご紹介します。

その前に……あのお話をしておきましょう。

そう、面倒だけれど家を買う際にはついて回る、住宅ローンについてです。

住宅ローンの審査基準（人物編）

住宅ローンの審査においては、主に2つの視点から見られることになります。**1つ目は人物面、2つ目は物件面です。**それぞれポイントを挙げながら解説していきますね。少し難しい話も出てきますが、わかりやすくお伝えしますので、知っておいて損はありません。

まずは、「人物に対する審査」について。主に下記10点が考慮されてきます。

1 住宅ローンに申し込みするときの年齢

20歳以上70歳までとしている場合が多いです。

② 住宅ローンを支払い終えるときの年齢

75〜80歳までとしている場合が多いです。

例えば、申込時の年齢が50歳の方は、支払い終える年齢が75歳〜80歳だとすると、35年間のローンは組めず、25〜30年間のローンを組むことになります。

住宅ローンを借りられる期間が短いと、毎月の支払金額が上がります。また、完済時の年齢が若いほうが審査は通りやすく、ローンを組まれる場合は、年齢が早いほうが支払いの負担が少なくてすみます。

一般的に、35年のローンを組まれる方が多いですが、その場合**「35年後にどうなってるか」をあらかじめ想定しておく必要があります。**

35年後が定年前の65歳以下ならいいですが、70歳以上では、年金暮らしになっていることでしょう。他に副収入がない可能性も高いので、年金から返していくことができるのか考えておく必要があります。

ほとんどの方は、お仕事を退職する際に退職金を利用して、繰上げ返済をしています。返し終わるときの年齢から逆算して、どのように返済するかを考えておきましょう。

3 勤務先の規模

会社の規模などが審査されます。一般的には、ベンチャー企業や外資企業などよりも、国内の大手企業に勤められているほうが、いい条件で融資を受けることができ、また審査に通りやすい傾向があります。

4 雇用形態

雇用形態や給与形態などを審査されます。残念ながら、派遣社員や契約社員だと、融資の対象外としているところもありますので、雇用形態は確認しておきましょう。

5 勤続年数

勤続年数が審査に影響します。原則として**「3年以上同じ会社に勤めていること」**としているところが一般的です。

ただ、お客様の属性により異なり、大企業から大企業への転職や、同じ業種での転職の場合は前職も加味してくれる場合があります。

勤続年数が短いと、もしローンが通っても金利が高くなっていい条件が出てこないこと

があるため、少なくとも1年以上は勤めてから住宅ローンを組むのがオススメです。

条件に影響しますので、住宅ローンを組むのは、転職前か、転職してから1年後以降を目指しましょう。

6 年収

ローンで借りた総額のうち、「1年間に返済する金額が年収の何割を占めるか」を計算します。これを専門用語では**「返済比率」**と言います。

細かい話ですが、返済比率は住宅ローン以外の借入（例えば、車のローン、カードローンなど）も含めて計算されます。

例えば、年収が500万円の方が、車のローン、カードローン、住宅ローンなど全て含めて、毎月の返済金額15万円、年間返済額が180万円の借入を希望したとします。税込年収が500万円の場合、返済比率は、約36％です（180万円÷500万円≒36％）。

この審査基準の返済比率は金融機関によって異なりますが、だいたいは次のように設定されています。

年収と返済比率

税込年収	返済比率	フラット35
３００万円未満	25％以内	30％以内
３００万円以上４００万円未満	30％以内	30％以内
４００万円以上７００万円未満	35％以内	35％以内
７００万円以上	35～40％以内	35％以内

先程の方は返済比率が36％でしたので、希望条件では審査が通らない可能性があります。審査基準の返済比率を元に、年収から大体どれくらいの金額が借りられるか調べることができますので、計算してみてください。

7 資産状況（預金など）

ここでは資産がどれだけあるかを見られますが、住宅ローンの審査では、主に、購入に必要な資金に対する自己資金の割合を確認されます。

例えば、物件価格５０００万、諸経費３００万円、合計５３００万円必要な場合、合計金額に対する自己資金はいくら出すかを確認されます。

通常、自己資金が少なければ少ないほど、審査は厳しくなり、また貸出の金利条件も悪くなります。

諸経費含めてローンを組んで、「自己資金ゼロで購入！」をオススメする不動産屋もいますが、35年ローンで見ると数百万円を金利で余分に支払うことになります。

諸経費までローンを組むかは提示されている金利条件も踏まえて検討してみてください。お客様の状況や価値観により異なるものの、一般的には金利は支払って終わりですが、物件は資産になります。お金が資産になる選択に重きを置くことをオススメしています。

8 借入れ状況

クレジットカード、消費者金融でのキャッシング、自動車ローンなど、すべての借入金の情報を信用情報登録機関を通して審査を行います（配偶者の方と収入合算などでローンを組む場合は、配偶者の方も審査対象になります）。

お金を借り入れると、信用情報機関にお金を借りていることが掲載されます。そして、

万一滞納などをしてしまうと、クレジットカードの支払いをどれだけ遅れたことがあるか、などが信用情報に乗ります。この内容が悪いと、住宅ローンを組めないことも……。

信用情報機関での自分の情報がどうなっているかは自分で調べることができます。過去、クレジットカードの支払いが遅れたことあるな……など、思い当たることがあれば、あらかじめ確認しておきましょう。借入に関する個人情報開示はインターネットから申し込みすることができます。

【代表的な個人情報登録機関】

株式会社シー・アイ・シー（CIC）：主にクレジットカード

9 社会保険の加入状況

退職後の返済能力確認のため行われます。公的年金の加入状況をチェックされます。

10 健康状態

フラット35※と地方銀行以外は、団体信用生命保険への加入が必須になることが多いため、加入できるか健康状態のチェックがあります。

健康診断結果が必要になることもありますので、捨てずに取っておいてください。

また、健康診断の結果が何か1つ引っかかってしまうと、金利条件が悪くなってしまうことも……。

ローンを組むなら健康なうちに組んでおきましょう。

チェックされるのは、主にこの10ポイント。住宅ローンを通す前に、それぞれの項目に回答ができるように準備しておくのがオススメです。

※フラット35は、住宅金融支援機構と民間金融機関が提携して融資を行います。住宅金融支援機構は、国土交通省と財務省が所管していた住宅金融公庫の業務を引き継いだ、独立行政法人です。

住宅ローンの審査基準（物件編）

人物に対する審査がＯＫでしたら、次は物件に対する審査が行われます。物件に対する審査も金融機関により基準が異なりますが、一般的には次の点が確認されます。

1 家の使い方

住宅ローン＝本人の居住用住宅（住むための家）であることが必要です。

2 建築基準法

いまの建築基準法に適合しているかどうかをチェックされます。築年数が古すぎる物件ですと、物件の耐用年数（物件の価値から考える残りの年数）が残っていないとみなされて、融資を受けられない、もしくは35年間のローンを組めない場合があります。

3 面積

家の広さに規制が設けられていることがあります。例えば、狭い家（35平米未満など）の単身用物件だと、「本当に住むの？　投資用じゃない？」と疑われたり、不動産として価値があまりないと見なされて、審査対象外とされることもあります。

4 経過年数（築年数）

銀行の定める耐用年数（その物件の価値があるとみなせる年数）から経過年数（実際のその物件の築年数）を引いた残りの年数が、融資の返済期間の上限となることがあります。

主に投資用ローンの審査時に用いられ、住宅ローンに用いられることは少ないですが、古すぎる物件の場合、経過年数（築年数）が引っかかり、借入ご本人の年齢はクリアしていても、35年間のローンが組めない場合があります。

5 土地の権利

所有権かそれ以外（借地など）かを審査します。借地とは他の人が持っている土地を借りて、建物を建てている場合をいいます。相場より安いなと思う家に出会った場合は、借地のことがありますので、しっかり確認が必要です。

6 価格

販売されている価格が相場と比較して妥当かどうかを審査します。

これら6つのポイントを踏まえて、買いたいなと思う物件により、銀行から借りられる金額や金利条件が変わりますので、興味ある家の銀行評価が出るかは、不動産屋さんに聞いてみてください。

また金融機関により、人物審査、物件審査の評価が異なりますので、ローン審査は4～5つには出して、一番いい条件の銀行で借りるようにしましょう。

同じ物件、同じ人物でも驚くくらい条件が変わることがあります。手続きは面倒ですか、負けずに出し続けるのがオススメです。

Column

家の価値は変化する

この本を書いている2023年1月現在、家の価格はコロナ禍の影響、インフレの影響などにより、高い金額を推移しています。

けれども、日本の人口は減少していくことがわかっています。海外の方を積極的に迎え入れない限り、人口が減っていけば家は余り、家の価格は下がることが想定されます。

「好きな家に住むことを優先し、一生住むので、家の値段が上下するのは気にしない」のか、「住むのは一時的なので、可能な限り下がらない場所を選んでおきたい」のか――その探す際の覚悟によって、実際に値下がりに直面したときに慌てず落ち着いて対処することができます。

家=不動産は投資商品でもあるため、価格は経済情勢や人口動向により、上下します。その上下に一喜一憂していては、せっかく手に入れた家を大事にできません。

家を買う際は、「こうなったら自分はどう考えるのか」と未来を想定し、覚悟を決めたうえで挑む必要があります。家は価格だけでは判断ができない場所だからです。

では、「住むのは一時的で、可能な限り下がらない場所を選んでおきたい」という目線では、どういう家が値下がりしづらいのでしょうか？

一番は、やはり「賃貸に貸し出しやすい物件」です。

少しだけ背景をお話しすると、現時点では、実需目的（実際に住む目的）で家を買う方が多いですが、家の価格が下がると、投資家が投資目的で買うようになります。家は投資商品にもなり得るため、利回りがある程度の推移に達すると投資家が購入するようになるのです。

そのため投資目的の人たちにもニーズがある物件を購入しておくと、一時期のバブル時代にあったように、「地方の億ションだった物件が、現在は数十万円になっている」などということは起きにくくなります。

彼ら・彼女らは立地がよく、貸し出しやすい家（安定的に利回りが得られる不動産）を探しています。それはつまり、都心部からあまり離れず、駅から近く、一定の広さがある家になります。具体的な目線は、購入されるエリアによっても異なりますので、買う前に不動産屋に、購入エリアの賃貸ニーズ、賃貸相場は聞いたうえで判断するようにしましょう。

また、海外の方から見て、日本の不動産は魅力的な投資商品です。

以前、中国のお客様が日本の不動産を購入する際に、世間話で、「1億円あったら、香港ではどんな不動産が買えるんですか？」と聞いてみたところ、「トイレだね」と言われて、とても驚いた覚えがあります。

「え、トイレですか？」「そう、トイレしか買えないね」そんな会話が続きました。

海外から見ると、日本に住んでいる人はみんな真面目に賃料を支払ってくれて、利回りも高く、とても魅力的な商品に見えるそうです。エリアを間違わなければ、そんな魅力的な商品が大幅に値下がることは考えにくいと思っています。

家は資産としての側面も持ちます。

だからこそ、資産面でも自分の味方になるような家を探すのか、もしくは、お金よりももっと大事な家での時間を取る覚悟を持つのか、あらかじめ決めた上で動くようにしてみてください。そうすれば、後悔しない買い物をすることができます。

STEP 5

あなたを幸せにする家の選び方

めいこお家いろいろ見学中…
このお家はよかったなあ
きれいだったし
共有部分がきれいにされてた
でも38㎡はちょっとせまいことに気づいたよ
二件目はちょっと古さが気になったよね
入居者の人たちが挨拶してたのは好印象あと施設も大事にされてた
あ、自分の好みがわかってきたかも
ここはキッチンが広々して魅力的だったな
キッチン！
料理が好きになりそう友達も呼びたくなるかも
（日当たりは悪し）
次は図面からだと期待大
あそこは風通しがよかったみどりも見えるし
心地良い…
自分にとって大事なものをあらためて知れたでもすぐ売れちゃった…

次の
おうち
へ…
ついた!
ドアをあける瞬間はドキドキっぴね
ガチャ
ギィ
フワッ
わあ
めいこ内見中…
ガチャ
ガラガラ…
ふむふむ
トコトコトコ…
玄関から順に見よ!
お風呂と水回りきれい!
洋室!おちつく?
ムダなスペース少ないね!
収納ばっちりだ!

遂に リビング…！
ガチャ
ワワ ワワ
フワッ
…
なんだろう ここ すごく素敵な 気がする
ぼう…
ニコ ニコ
ななぴ！
いいお家って 何かわからない けれど 私にはここが いいと思う

玄関をあけた時のわくわく感
部屋をまわるうちに高まる鼓動
そして最後…リビングの扉をあけた時に思わずキュンとくる！
それ感じた？
うん…なんか言葉ではうまく表せないけど
でも私は毎日このリビングで過ごしたい！
芽衣子がそう感じるならいいと思う！
ガラ
ガラ
本当にこの物件で大丈夫かはななぴがもう一度チェックするっぴ
耐震性
貸し出した時の賃料収入…
管理状況は？
修繕積立金がたまってるか…
ヒュウゥゥ
うんやっぱりなんだかいいな
ブツブツ

マンションと戸建では見るポイントが異なる！

ここからは、具体的に家を見るときのポイントをご紹介します。注意しなければいけない点は、マンションと戸建で異なります。

まずはマンションでチェックするポイントを見ていきましょう。

マンションに住みたい場合

1 耐震基準を確認する

マンションは建設された年代によって、「耐震基準」というのが異なります。耐震基準は主に2種類あり、**「旧耐震基準」と「新耐震基準」**といいます。

新耐震基準とは、1981年6月1日から施行された、建築物の耐震基準です。「新」

という言葉でわかるように、1981年6月以前にも耐震基準はあり、そちらは「旧耐震基準」と呼ばれています。

販売図面を見る際、「新耐震」や「旧耐震」と書いてあった場合、それはこの新耐震基準や旧耐震基準のことを指し示しています。

新耐震と記載されていれば、新耐震基準を満たした建物です。

では、旧耐震と新耐震では何が変わったのでしょうか？

わかりやすい違いは、想定する震度です。

- 旧耐震基準：震度5程度の地震で倒壊しない建物であること
- 新耐震基準：震度6から7程度の地震で倒壊しない建物であること

マンションを購入される際に、「旧耐震基準か新耐震基準かは気にしたほうがいいですか？」とのご質問をいただきます。

回答として、**「基本的には、旧耐震基準の建物はオススメしていません」**。

大地震は、1回揺れたら終わりとは限らないためです。

大地震の報道では「最大震度」が強いイメージとして記憶に残りますが、本当に恐ろしいのは最大震度ではなく、どれくらいの規模の地震が何回起こるかです。

実際、2016年4月14日の熊本地震では、震度6を上回る地震が数回起きています。最初の1回を踏み堪《こた》えたとしても、

2回目は？

3回目は？

4回には耐えられるのか？

と考えると、「震度5程度の地震で倒壊しない」だけでは足りないということになります。

数千万円という買い物を行う際に、大切な資産である建物が、倒壊しても人が死ななければいい……ということにはなりませんよね。このような背景から、旧耐震基準の物件はオススメしていません。

けれども、予算の関係から、立地を取ると旧耐震の年代しか出てこない、ということもあります。そのような場合は、旧耐震の年代でも、もともと新耐震基準を満たしていたり、

後から補強をして強い建物になっていることもあります。気になる家がありましたら、まずは不動産屋さんに確認してみてください。

2 マンション全体で積み立てられている修繕積立金の総額を確認する

マンションは、みんなで利用する共用部（エントランスや廊下、駐車場や駐輪場などはみんなで一緒に利用する共用部です）が多く、そのような共用部を適切に維持管理するために、所有しているみんなで、将来的に修繕するための「修繕積立金」を貯めています。

実際に修繕しようという話になった際に、この修繕積立金が足りないと、

- そもそも修繕をしない↓修繕が行われていかないマンションになる……
- 修繕が必要な際に一世帯につき、数十〜百万円くらいの一時金を負担してもらう
- 修繕積立金を値上げする

という話になります。

適切に修繕がされないと、マンションの資産性を保てないどころか、何かあったときに

は、手遅れということにもなりかねません。

また、足りないからといって、いきなり数十〜百万円の一時金を求められても、支払える余力があるかもわかりません。

そのため、あらかじめ「現時点ではどれくらいの修繕積立金が貯まっていて、今後、どのような修繕が予定され、その際にはいくらかかるのか」という、長期修繕計画を確認しておく必要があります。

全てが計画通りに行くことはなかなかないですが、ある程度の予測を立てることはできます。

3 戸数を確認する

マンションの総戸数は、将来の修繕積立金の値上がりを予測するのに、1つヒントになる数字です。

多くの人がいればいるほど、修繕積立金も貯まりやすく、一戸数あたりの負担額が少なくて済みます。

戸数が少ない物件でも、エレベーターがない、オートロックがないなど、「共用施設が少なくて、そもそも修繕する場所が少ない」ということもあります。そういう物件は、修繕積立金が少なくて済みますが、それも少数です。

共用施設のスペックに対して、総戸数がどれくらいあるのかにより、将来修繕積立金が大幅に値上がっていくか、それとも緩やかなのかがある程度予測できますので、確認してみてください。

4 賃貸に貸し出したときの家賃を確認する

買った家にずっと住めれば一番ですが、何があるのかわからないのが人生。特に女性は、結婚、出産、介護など、自分ではコントロールできない変化が訪れることもあります。

そのため、女性が家を買うときは、あらかじめ結婚や実家に帰ることも考慮して、将来は賃貸に貸し出すことを前提に、選んでおくのをオススメしています。

ここまで、マンションのチェックポイントをご紹介しました。次からは戸建のチェックポイントをご紹介します。

【戸建に住みたい場合】

1 戸建に住みたい理由を明確にする

一戸建ては、他の人の目を気にすることがなく自由度が高いので、暮らしを豊かにしてくれます。特にお子さんがいるご家庭は、子どもが走り回っても、下の階の方を気にする必要がありませんし、夏は庭でプールに入れさせてあげたり、ブランコを置いてあげたりと、マンションではまずできない生活を送ることができます。

何よりも、マンションは高級品。管理費・修繕積立金に、車を持てば駐車場代がかかりますが、戸建については、そのような費用がかからずに済みます。

そんないいことだらけのように聞こえる戸建ですが、都心に住みたい方においては、土地が高すぎて、戸建はなかなか購入することができません。一般の方が購入しようとすると、エリアを妥協しないといけないことが多々あります。

また、戸建については、建物の価値が築年数とともに減っていくため、マンションのように資産価値が保てません。万一何かあって、手放すことになったり、賃貸に貸し出すことなった場合も、マンションのような流動性はありません。

そのため、戸建は、基本的には長期的に住むことを前提にしておくのがオススメです。

何年そこに住むのか、なぜ戸建がいいのか、理由を明確にしたうえで検討してみてください。

2 治安・セキュリティを確認する

戸建とマンションの大きな違いの1つに、セキュリティがあります。

マンションは、オートロックや監視カメラといったセキュリティ設備に加えて、エントランスには管理人さんが常駐してくれている物件もあります。

一方で、戸建については全てご自身で気にして守らなければいけません。

警視庁「住まいる110番」には、最新の侵入窃盗統計資料が公開されています。そのデータによると、令和2年度の侵入窃盗の発生場所別認知件数は、一戸建て住宅が最も多くなっており、主要な数値は以下のようになります。

侵入窃盗全体件数：４４０９３件（全国／令和２年）
１位　一戸建て住宅：37・０％
２位　一般事務所：11・７％
３位　共同住宅（３階建以下）：９・３％
４位　共同住宅（４階建以上）：４・３％

このように、一戸建てでの発生が４割近くを占めているのです。

検討しているエリアの治安は問題ないか、すぐ近くにお店があるなど人通りはあるのか、駅から家までの道のりに街灯はあるか――そういったエリア性を確認し、問題なさそうでしたら、今度は家のセキュリティをどこまで確保するか検討します。最近はＳＥＣＯＭやＡＬＳＯＫなど、何かあった際に駆けつけてくれる、ホームセキュリティサービスもあります。

一戸建てを検討されている方は、セキュリティをどのように確保するかも検討材料に入れてみてください。

３ハザードマップを確認する

一戸建ては、マンションと異なり、ほとんどの場合、木造です。木でできていますので、水に濡れてしまうと、腐食する可能性があります。

特に、最近は温暖化の影響で、１００年に一度と言われる豪雨災害が増えてきています。今後も、その影響は続くことでしょう。

ハザードマップを確認して、浸水エリアは避けるようにしましょう。

４土地と建物の価格を確認する

戸建を購入される場合は、購入する価格のうち、土地と建物の割合も気にしていただきたいポイントになります。戸建の場合は、土地と建物の値段が合計されて表示されています。**相場と比較して価格がどうなのか見るときは、土地と建物の価格に分けて調べる必要があります。**

土地については、近隣の取引事例などが公表されているためカンタンに調べることができます。**しかし建物については、築年数、建てたメーカー、取得している耐震等級、実際に利用されている部材、リフォームの有無などにより、異なってきます。**

マンションか戸建てか。

家探しの大きな分岐点になりますから、それぞれの特徴を考えて選んでみてください。

中古物件なら「愛されてきた家」を選ぼう

「ああ、前の所有者の方に愛されてきたのだろうな」
——そう感じる家に出会うことがあります。

築年数は経っているものの、佇《たたず》まいが凛《りん》としていて、中に入ると良い空気が流れている。ところどころ傷や汚れはあっても、丁寧に使われてきたことがわかる家です。

そんな**「愛されてきた家」**は、愛情に溢れていて、次の方も迎え入れてくれる準備が整っているように感じます。

何件も物件を見てきて感じるのは、築年数はあまり判断軸にならないということ。

同じ年数でも、現地に行って見てみると、前所有者や一緒に住んでいるマンションの住民により、全く違うものになります。

築年数などよりも、前の所有者さんがこの家をどのように扱われてきたか。この視点を大事にして、家を見てみてください。以前の方は、ご家族で住まれていたのか、賃貸に貸し出していたのかなどの利用されていた状況も確認のヒントになります。

共用部を見れば、「愛され度」がわかる

また、中古のマンションを見に行く際は共用部も重要です。

まずチェックしてほしいのは、住んでいる人たちからのその物件の「愛され度」。マンションの「愛され度」がわかるチェックポイントは、共用部をめぐる4つの「整い」で判断することができます。

- 1　駐輪場の整い：駐輪場の自転車がきちんと整理されているか
- 2　ポストまわりの整い：ポストの周りにチラシが散乱していないか
- 3　ゴミ出しの整い：ゴミの出し方がきちんとルールを守られているか？　乱雑に出されていないか

4　バルコニーの整い：マンションを遠くから見たときに、バルコニーが「ゴミ溜《だ》め化」していそうなお部屋はないか

さらに細かく見ていこうとすると、「理事会や総会の活動は活発か」「長期修繕計画は見直されているか」などさまざまな項目がありますが、中古マンションを見に行く際には、まずはこの４つの「整い」に着目してみてください。

一緒に住まれている方が物件を大切に扱っているか、扱いたいと思っているかは、特に共用部分に現れます。どんな気持ちで住人がそのマンションを扱っているのかを考えながら、４つの「整い」に着目して物件を確認していきましょう。

それ以外のチェックポイントは、次のページにチェックシートをまとめてみましたので、ご参考にしてください。

マンションのCHECK POINT

CHECK 1 外壁

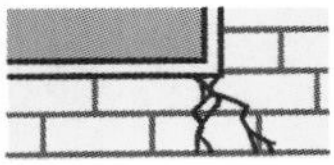

☐ バルコニーや共用部の廊下など、建物の壁の表面を見てみてください。壁に著しい剥がれや、多数のひび割れなどはありませんか？

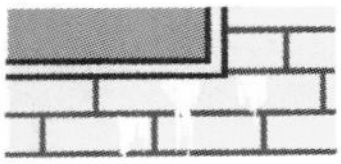

☐ 建物の壁に、液体が付着したような白い汚れが数箇所出ていないか確認してみてください。

CHECK 2 管理

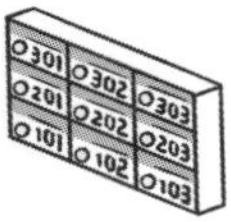

☐ 共用部分（ゴミ捨て場、駐輪場、ポスト周りなど）は綺麗に整っていますか？

☐ 管理組合の理事会や総会の活動は活発に行われていますか？

☐ 管理規約の内容は確認しましたか？
ペットの飼育可否、リフォーム規約など、ご自身の生活に関わる箇所はよく確認しておきましょう。

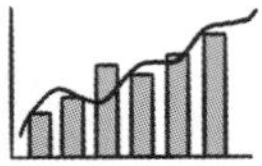

☐ 長期修繕計画は作成されていますか？
また、過去の修繕履歴は適切に行われていますか？

CHECK 3 居室内

☐ キッチンシンク下や、洗面台下の収納の中で漏水が起きていないか確認してみてください。水漏れが起きていると、配管周辺に染みができていることがあります。

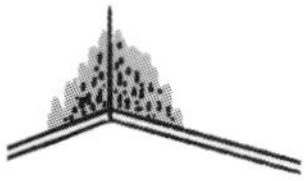

☐ 窓まわりや部屋の隅に、黒ずみや壁紙が大きく剥がれたような箇所がないかを確認してみてください。雨漏りやひどい結露が発生している可能性をチェックします。

☐ 両隣、上下、車音、電車音の聞こえ具合を確認してみてください。

CHECK 4 周辺環境

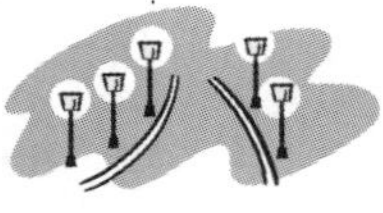

☐ 駅から家までの道のりには、夜間の人通りがあるか、街灯があるか、近辺にコンビニがあるか、等確認してみてください。

家選びは、扉を開けた瞬間に決まっている

「こんな家を買いましょう、注意するポイントはこれです！」などなど、ネットや情報誌などでいろいろと書かれていますが、実際の家選びは、実は玄関の扉を開けた瞬間に決まっています。

そして、リビングに入った瞬間に、
「あぁ、ここに住みたい」
と感じる家に出会えたら、その感覚を何よりも大事にするのをオススメしています。

その心の動きは、住んでからもずっと続きます。一番初めにそう感じた感覚は、これから毎日過ごす家においては、大変重要なポイントです。

ものごとを選択するときは何かと理由をつけたくなりますが、それは家選びでも同じ。「資産性が高いから」「駅から近いから」「住まなくなった場合、毎月の家賃が高くとれそうだから」……。

けれども家を決める際には、「言語化できないけれども、ここにずっと住みたい」という直感を大切にしてほしいのです。

数字的な買う理由を見つけるのはカンタンですが、扉を開けた瞬間の「なんだかここ、いいな」という感覚は、本人にしかわかりません。そしてその感覚こそが、その家に住む理由になります。

何人ものお客様をアテンドする中で、リビングの扉を開けた瞬間に「あ、この家に決められたんじゃないかな?」と感じる瞬間があります。「わぁー!」と思わず声を上げてしまう、また声を上げたときに思わずワントーン上がってしまう家。それがその方にとってのいい家なのです。

頭で考える家選びから、体で体感する家選びへ。

家に入った瞬間に感じ取った「あぁ、ここいいな」は、住んだ後も続きます。毎日家に帰ってきて、扉を開けると、「あぁ、帰ってきた」となんだか落ち着く。そんなよくわからないけれど、迎え入れられている感覚を得られる場所になっていきます。

「とにかくたくさん見る」はＮＧ

一方で、家選びをする際に注意していただきたいことがあります。

やみくもにたくさんの物件を見るのはやめたほうがいいということです。

見に行けば見に行くほど、いったいどの物件に自分が心を動かされたのかわからなくなり、その結果、資産性や駅徒歩といった、数字的な理由を求めていってしまうからです。

適切な見学数としては、「多くても10件程度」をオススメしています。

「すごく好き！」「普通」「そうでもない」のグラデーションができ、自分の中で比較材料ができる。かつそのとき感じた感覚を覚えていられる件数の目安が、10件なのです。

見学の前にまず不動産屋さんと一緒に、数字的な理由（駅徒歩や金額、資産性など）はすべてリストアップし、クリアした家だけを見に行きましょう。その絞り込んだ家の中で、「自分が何を感じるのか？」に集中して見学を進めてください。

また、条件として考えていなかったものの、自分の中で答えがないものを確かめに行くことも大切です。例えば、

- 低層マンションがいいのか？　高層マンションがいいのか？
- その街に住んだことはないが、街の雰囲気をどう感じるのか？
- 縦型のリビングが好みか？　横型のリビングなのか？

現地で確認してみないとわからないことは、実際に見て感じ取ってみてください。

家を見ていると、そのうちきっと感じることがあります。扉を開けた瞬間の「心が踊るわくわく感」を見つけに、現地まで足を運んでみてください。

男性と違う、女性が家を選ぶ際の注意事項

本書は持ち家女子になろうとする方に向けて書いていますが、夫婦、あるいは、男女のパートナー同士で家探しをする際に出てくるポイントをここで1つ紹介します。男女でする家探しはお互いの「いい！」と感じるポイントが違うため、難航しやすいところがあります。

男性の場合はスペックで家探しをする傾向が強いため、家に求めることは明確です。数字的な根拠や資産性を提示すればそれ以外の要素にはあまりこだわりがなく、あとは奥さんの好きなものにお任せしますという場合が多いです。

一方女性の場合は、資産性などはもちろんですが、**それ以上に「自分にとって住んでい**

て気持ちがいい家」を重視する傾向があります。

重要なのは、この、「自分にとって」の部分。スペックや条件よりも、ご本人がその家を心地いい、気持ちいいと感じるかどうかが重要です。

「心地いい」が言語化できず、いい家に会えなかった夫婦

陥《おちい》りやすい罠《わな》は、自分がどんな家を心地いい・気持ちいいと感じたのかを言語化しきれず、求める家になかなかたどり着かない、という状況です。

ご結婚を機に物件の購入を検討されていたTさんご夫婦のケースを見てみましょう。

奥さんのご希望は「眺望のいい物件」。それに対して旦那さんは「4階以上の高層階のマンション」を条件に探されていました。ですが、見ても見てもなんだかしっくりきません。

よくよくお伺いするうちにわかったことは、**奥さんの言う「眺望のいい物件」は必ずしも景色を見渡せる高層マンションを示すわけではなかったということ**。目の前に建物がなく、窓前の景色が開けていて解放感があること、緑が見えること、周囲が落ち着く環境で

あることを意味していました。
旦那さんは奥さんの「眺望がいい」という条件を「階数が高い高層マンション」というスペックで理解しましたが、奥さんにとって階数はそれほど重要ではなく、解放感を感じられる大きめの窓があることや、バルコニーの広さ、周囲の環境のほうが重要でした。

見学するときは自分がいいと思った要素を具体的に示し、言葉にしていく必要があります。そうでないと、いいと思った要素を周囲に伝えきれず、いいお部屋にたどり着くまでに時間がかかってしまうのです。

「どんな暮らしをしたいのか？」のイメージをできるだけ膨らませて、お部屋を見学される際にはいいと思ったポイントを具体的に示し、その理由を言語化する。

言葉でうまく説明しきれない場合は、雑誌やインスタの画像から、参考イメージを溜めて、それぞれのどこが気に入ってるのかを自分の中で見つける作業をしてみる。

そうした手順を踏むことで、他の人に伝わりやすくなります。参考イメージをもとに不動産屋さんと会話するのも1つです。

女性の人生の輝かせ方

私の祖父母は、大の不動産好きでした。祖母においては、「スーパーに買い物に行ったら抽選で家が当たったから」と、祖父に相談することもなく、数千万円のローンを組んで買ってきてしまったほど。

祖父母は決してお金持ちだったわけではありません。どちらかというと貧しい生活をしていた大変な節約家でした。3、4駅くらいであれば、電車賃がもったいないと歩くような人でしたが、不動産が大好きで、あらゆるものを節約して貯めては不動産に変えていきました。

昔から祖父母の話の大部分は不動産に関することでした。

伊豆で別荘を買おうと出かけて行ったら、「途中の伊東で降りたとき私の母が伊予《いよ》柑《かん》がなっている山を気に入ったから」との理由で、伊東で山を購入。私も小さい頃、手入れもされていない山に訪れては、伊予柑狩りをしたりたぬきを見たり、山の上にあった小さくて今にも崩れそうなボロ屋に泊まったり——とても楽しかった覚えがあります。

先ほどの祖母の戸建は、住みもしないのに買ってしまったため、誰かが手入れをしなくてはいけない状態。母に連れられて掃除に訪れては、当時未開発で駅前には何もなかった場所が段々と開発されて大型のショッピングモールができ、周囲に家が立ち並んでいく街の変化に触れさせてもらいました。

バブル絶頂期の時代背景もありましたが、転売をしては新しい不動産を購入、そんな話を目をキラキラ輝かせながら祖父母がしてくれました。

そんな幼少期もあって、「不動産というのは、人々をとても楽しくしてくれるものだ」と小さい頃から感じていました。

けれども、バブルの崩壊と共に、所有していた不動産は一気に価値を失います。同時に一気に家のお金がなくなり、当時、母が慌てふためいて落ち込んでいた姿をよく覚えています。しばらくの間、家庭に暗い影が落ちていましたが、父が母のために、家を新しく建て替えることを決心します。

すると、母の背中にあった影がなくなり、さまざまな住宅展示場を回る母の目はいつもキラキラ輝いていました。「家とは母をこんなにも幸せな顔にしてくれる場所なんだ」と驚いたものです。

私にとっての家とは、祖母が住みもしないのにどうしてもほしくなってしまうものであり、母の背中にあった影を削《そ》ぎ落として、目をキラキラさせてくれる場所でした。祖母や母を見て、自分の家を持つことは、これほどまでに女性を嬉しくさせてくれるんだな、と感じながら、私は育ったのです。

いま考えれば、2人とも「自分の家を持つ」という事実ではなく、「手に入れた家で家族みんなでどんな暮らしをしよう」と思い描き、目を輝かせていたのだと思います。

家を買うことは、理想の暮らしを思い描き、それを現実のものとしてくれる始まりです。

STEP 6

家と一緒に自信を持って生きる

時はたち…
ガラガラガラ
ふう
芽衣子 お店を開くんだっぴね
うん！ お家を買ってから 自分が手に入れたい ものを洗い出して みたの！
そしたら 浮かんだのが お店なの！
OPEN
芽衣子が やりたいことを 見つけたのは 嬉しいっぴ
にこにこ

お家を買うって
とっても怖い
でも真剣に自分の人生に向き合うから自分で幸せになる力を得られるんだね
前は幸せにしてもらうことだけに執着してた…
人生を自分で選べないと
まわりにすがりついちゃうよね
そうだっぴ
自分でコントロールできるものを手に入れると自信になるよ
知識やスキル築いた財産毎日過ごすお家もその1つ
誰かから与えられたものじゃなく
自分の心が喜ぶものをゆっくり丁寧に積み上げよう
うん!!

で何屋さんをひらくっぴ？
人生のストーリーを思い出に残すフォトスタジオ！
撮って終わりじゃなくお家のインテリアになるような写真撮るの！
芽衣子ならできるっぴ！
てことでななぴも手伝ってね!!
え
ななぴも働くっぴ…？
バサッ
虹の上で毎日寝るんだっぴ
がしっ
ななぴ
おねがい
手伝って
一緒に
……
バサ
バサ
あーだこーだ
はぁ…

!
OK
ぽてっ
じゃあななぴは持ち家女子の魅力を伝えればいいかも
芽衣子に協力するっぴ
ただし隣でお家を買うメリット話していいっぴ？
もちろん！がんばろ！
OPEN

家を買うことで変わる価値観

お金には代えられない、自分だけの価値が詰まった家。そんな家を手に入れることで、大きな変化を迎えた持ち家女子のみなさんをたくさん見てきました。

不思議ですが、家を買わなければよかったという報告を受けたことはなく、みなさん口をそろえて「家を買って本当によかった」とおっしゃいます。

そして、家を買うと同時に、さまざまな角度で人生に変化が訪れていきます。

家を所有することで自信が付き、変化していく

持ち家女子となり人生が変わった女性の多くは、**借りるつもりで部屋探しをしていたのに、最終的に購入に踏み切った方たち**です。

家選びの際には、どうしても優先順位をつけざるを得ません。

家探しの過程で、

「自分にはどのような家が必要なのか」

「それには本当に借りるという選択肢だけでいいのか」

といった観点から人生を考えることで、自分自身の人生を生きる覚悟が決まる――私も一緒になって考えながら、人生を変えていくお客様をたくさん見てきました。

そんな先輩持ち家女子を、ご紹介したいと思います。

賃貸のつもりが持ち家女子になり、大きく人生を変えた女性

お客様のKさんは、当初は家を買うことはまったく頭にありませんでした。どちらかというと賃貸派でしたが、当時の彼氏さんに家を買うことを勧められて、本格的に検討を始めます。

いざ、家を買うことを視野に入れ始めると、各金融機関の条件の違いや、物件の選び方、リノベーションの仕方など、周囲が驚くほど熱心に勉強を進めていきました。自分の理想とする暮らし、そのために必要なエリアや家がどんなものか具体的に落とし込み、学んだ内容や理想の暮らしのイメージをインスタグラム上でこまめに発信していました。

すると、みるみるうちにフォロワーが増え、さまざまな家に関する相談を受けるように。

インスタグラム上で女性が家を購入するためのアドバイス会や勉強会を開催すれば100人が集まるなど、気づけばすっかり人気インスタグラマーになっていました。

家を買った直後に彼氏さんからプロポーズを受け、ご結婚。今では1児の母です。また、家を買ったことで何をするのにも自信がついたそうで、新しいチャレンジを始められ、いまは会社に勤めながら、ジュエリーショップの開業準備を進めています。

家は、決して安い買い物ではありません。だからこそ、自分のお金と人生について、自問自答するきっかけを与えてくれます。そしてそのきっかけが、新しい道を開いてくれることがあります。

お金の流れがわかるようになり、お金を味方につけた人生になる

家を購入するメリットの1つに、それをきっかけに、お金に真剣に向き合うようになることがあります。

家を買うときには、みなさん売却する可能性も踏まえて検討します。そうなると短期のお金の流れではなく、5年、10年といった長期的なスパンでお金の動きをとらえる必要があります。

残念ながら、日本には、お金の教育がありません。そのため、親世代でも、お金を増やす選択肢として「貯金」以外を知らないことが多いです。

年金をもらえるかわからないと言われる時代に、お金の増やし方を学ぶ機会がないのは、将来が不安になる人が多い理由の1つです。

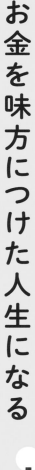

でも、家を買うと長期スパンでのお金との付き合いが始まります。その結果、株や投資に興味を持ち、実際に始める方、また年収アップを目指し転職する方もいるのです。

勉強熱心なシングルマザーのステップアップ

特に印象に残っているお客様がいます。来店されたときは、飲食店でアルバイトで働きながら、娘さんが小学校に上がるまでには必ず一戸建てを購入すると決めてきたシングルマザーのMさん。年収２５０万円でしたが、自己資金をしっかり貯めてきていました。雇用形態がアルバイトだったため、民間の金融機関ではよい融資条件が出ない可能性があり、相談のうえ、フラット35を利用することにしました。

フラット35は、物件価格に対して自己資金の比率が高いと、金利条件がよくなります。苦労されながらも、しっかりと貯蓄をされていたため、さまざまな金融機関の条件を比較した上で、フラット35を利用することを決めました。

予算内で一戸建てを購入するには、エリアは譲る必要がありました。住みたいエリアや子どもに行かせたい小学校等を調査、比較し、探し始めてから約1年後、お子さんが小学校に上がる前に夢を現実のものとします。

購入からしばらくしてお話を聞くと、家を探す間に学んだ知識で不動産に興味を持ち、不動産会社でアルバイトとして働き始めたそうです。その働きが評価され、後々正社員に。正社員になると、銀行の評価が変わります。民間の銀行に借り換えの申請を行い、見事に金利を下げて月額の支払いを減らすことに成功しました。

「家を買う機会がなければ、そもそもこんなにお金に向き合うこともなかった」というMさん。いまも娘さんの教育資金を貯めるために、勉強を続けられています。

真剣にお金と向き合う機会となる「家を買う」というプロセスは、お金を味方につけていく人生へと変化させてくれます。

家を買うと、キャリアが変わる

大企業に勤められていた方が独立する、スタートアップに転職する、いまいる会社で昇進するなど、家を買ったのちに、仕事に変化がある方々も多く見てきました。

もちろん、転職してしまうとローン審査の1つである勤続年数がひっかかるため、転職前に戦略的に家を買うという方もいるでしょう。

ですが、家を探す中で自分の価値観に気付いていくこと、そして自分でも家を買えたというある種の成功体験がキャリアに与える影響は、とても大きいのだと感じています。

20代で就職活動をし、世間がいいと言う企業や年収の高い企業、親から言われた就職先を目指して入る。それが、だんだんできることが増える中で、自分の価値観と仕事とのミスマッチを感じるようになる。そんなとき家探しを通じて自分の人生の優先順位に気づき、キャリアの方向性を変えていく……。

私たちは、少なくとも1日の3分の1の時間、仕事をして過ごしています。だからこそ仕事の時間をどう生きるかは自分の人生をどう生きるかに直結します。

家を買うことで、人生という長い時間軸で物事を考えるきっかけが訪れますが、その結果、キャリアストーリーが変化していきます。あるいは、**家を買うことで、「キャリアストーリーを変化させる力を得られる」**と言えるのかもしれません。

大企業よりスタートアップ！ 家探しで自分らしい仕事も発見

新卒から大企業に務められていたOさんは、世間から憧れられる会社に勤め、安定的な収入を得ていました。でも、会社勤めの中では、自分個人のやりたいことを聞き入れてもらうために社内調整や働きかけが必要だったり、個人の想いよりその企業の一員としての側面が見られます。Oさんはそのことに違和感を持っていました。

そんな最中、家を買うことを決心し、自分に向き合いながら家探しを始めたOさん。もともとは都心の利便性がいいところを探していましたが、便利で楽だけど、なんか自分っぽくないと感じます。限られた予算の中で自分の優先順位を考えていくうち、「必ずしも世間で言われているいい家が自分にとっていい家とは限らない」と感じるようになっていきました。

そんな家選びを通じて、Oさんにはさらなる気づきが生まれます。

「自分は世の中の成功イメージに実はあまり興味がなくて、それよりもどんな自分でありたいかが大事なんだ」と。

キャリアも家も、最初から全ての条件が整っているものよりも、まだ未知数のものを自分の審美眼でよくしていったり、自分の力でなんとかしていく面白さを優先したいと考えたOさんは、家を購入した後に大企業をやめ、まだ数名のスタートアップに転職をしました。

転職後は新しい会社の設立メンバーの一員として活躍されるとともに副業も始めて、個人としても仕事の依頼が入るようになったとのことです。いまでは自分の選択の責任を自分で取ることができることにやりがいを感じると、とてもキラキラした目で語ってくれました。

家を買う過程で基礎力を身につけながら、自分の人生の棚卸しをして、新しいチャレンジを始める方もいらっしゃれば、学んだことをもとに昇格、転職していく方もいらっしゃいます。

人生を自分で組み立てていく経験が、新しいキャリア観を築いてくれます。

夫婦は相手と真剣に向き合うきっかけになる

持ち家女子を目指す方の中には、長期的な関係を視野に入れたパートナーがいらっしゃる方もいるかもしれません。あるいは、いまはパートナーがいなくても、将来は結婚を考えている方もいるでしょう。

そんな方たちのために、ご夫婦での家探しをされるケースから参考になるお話を、少しだけさせていただけたらと思います。

毎日を過ごす家と同じくらい、生涯をともにするパートナーは大事な存在です。**家を買うお問い合わせはご夫婦からいただくことが多いですが、２人の意見をまとめるのは毎回本当に大変だと感じます。**そして、家を買うというプロセスは夫婦の長期的な関係づくりにとても大きな影響を与えるのです。

最初からすべての価値観がバチっと合っている夫婦はいません。そして、それを知らずに一緒にいることがほとんどです。

そのため、どんな夫婦も、家探しのプロセスで必ず衝突します。

衝突しながら、

「パートナーが暮らしや生活にどんな価値観を持っているのか？」

「どんな人生を送りたいと思っているのか？」

「お金に対してどんな価値観を持っているのか？」

などといった、**「人生を共に歩むうえでは重要だけれど、普段の会話ではなかなか話すことができないこと」**に初めて直面します。大きな買い物だからこそ、お互いが真剣に向き合うきっかけに、家探しがなるのです。

お互いの人生に求めているものに真剣に向き合わずに、とりあえずいま目の前に必要な家を買ってしまうと、せっかくの大事なパートナーと向き合う時間が台無しになります。

2人で来店したのに、決済時には1人に……

極端なケースでは、ご来店時には2人で来たのに、決済時にはお1人になって連名契約を単独契約にするお手続きをしたこともあります。

旦那さんが窓口となっていたため、旦那さんの希望条件で家を探してご案内しましたが、奥さんの意見は何も聞けていなかったのです。

2人で住む新居なのに、双方が納得していないと、人生を別々のものにしてしまう。このときは自分の不甲斐なさと共に、とても寂しい気持ちになりました。一方で家を買うことは、それだけ大きな影響を与えるのかと思った出来事でもありました。

この経験を経て、2人それぞれの意見を聞くこと、旦那さんの意見が強くて奥さんが黙っているだけのときは、別の機会を設けて奥さんだけのお話を聞くことを心がけています。

毎日を過ごす場所は、どちらかがよければいいわけではなく、そこで過ごすみんなが喜べる家である必要があります。

それぞれが描いている人生像を共有し、お互いにすり合わせをして、その中で2人の優先順位を決めていく必要があるのです。この作業をしっかりと行うことにより、お互いを尊重し、生涯をともにする頼もしいパートナーとなっていきます。

パートナーと家を探す方は、ぜひ将来を一緒に話して描いてみてください。また、それぞれ1人ずつで望む人生像を落とし込んでみて、見せ合ってみてください。その時間を設けることで、新しい2人の関係が生まれていきます。

そして、この本を男性の方が読んでくださっていたら申し訳ないのですが……多くのご夫婦の家探しを手伝ってきて感じるのは、家は女性の意見の優先度を高くして探すほうが、その後のパートナーシップがうまくいく傾向があります。

金額などの数値的なお話は別ですが、どんな家に住みたいかという居心地の面では、女性の感覚は鋭いのです。

居場所が決まると新しい人生に踏み出せる

本書を通じて、さまざまな持ち家女子のエピソードを紹介してきました。

共通するのは、自分の人生と向き合い「自分（相手）の価値観を尊重することで、自分（相手）を大切にできるようになった」ことではないでしょうか。

そしてその原点には、「自分でも家を買うことができた！」という大きな成功体験が、深く根をおろしています。

家を買うにあたってはさまざまな知識が必要です。不動産の知識や、ローンや税金の勉強。仕事をしながら新しいことを学ぶのは、カンタンではありません。

けれども、その過程を乗り越えた後には、帰宅時に扉を開ければ、自分の努力の結晶が家という形になって待ってくれています。毎日帰ってくる家は自分のお気に入りが詰まった場所。毎日好きだと思える場所に戻ってくるたびに、自分が達成したことを実感でき、その満足感を感じられるのです。

いまいる場所に自信と満足感を持って過ごしていくほどに、その家で過ごす時間がよくなっていく。

そして、毎日過ごす居場所が決まると、自分自身の人生を生きる覚悟が決まる。覚悟が決まると、キャリアを変える、独立する、新しいことを始めるなど、新しい道に踏み出していけるようになる。

仮に他人に選ばれることや認められることを中心にしてきた人生であっても、家を自分で買うという一大事を成し遂げることで、人生は変わっていきます。

自分の人生は自分で変えていける。

家を買うプロセスを通じてそんな実感を得たからこそ、自分の価値観に沿った人生を選択していけるようになっていきます。

家に感謝をすると、あなたを守ってくれる大切な場所になる

本書も終わりに近づいてきました。ここで、私から1つお願いがあります。

もし、あなた自身の心の動きに従った家が見つかったら、その家に感謝をしながら、日々の時間を過ごしてみてください。

感謝の表現の仕方はさまざまです。丁寧にお掃除をすることも1つですし、家を自分の好きなもので飾ることも1つだと思います。

お客様に部屋を案内する際に、同じ中古マンションの、別の部屋を案内することがあります。

不思議なことですが、間取りも全く一緒なのに、入った瞬間「ここはいいな」と感じる部屋と「なんだかここは嫌だな」と感じる部屋があります。

「いいな」と感じた部屋は、前の所有者の方が部屋を手入れしながら使っていたことがうかがえます。部屋の状態もよく、いい気が部屋に流れています。

一方で、「なんだか嫌だな」と感じる部屋は、もちろん傷みもありますし、どことなく暗い雰囲気が漂っています。

同じ場所、同じ間取り、販売時期や価格はほとんど同じで、異なるのは階数のみ——たったそれだけの違いにも関わらず、最終的な売却価格はなんと５００万円ほどの差がついていました。

みなさん部屋を開けた瞬間に感じ取るものがあったのだと思います。毎日の部屋での過ごし方や、家への感謝の仕方が、同じ部屋にもかかわらずこんなにも違いを生むのかと感じた瞬間です。

家の扱いや、感謝の仕方次第で、家も変化していきます。

毎日帰りを待ってくれてありがとう。
迎え入れてくれてありがとう。
お礼を伝えながら丁寧に扱っていくほど家は居心地の良い場所になってくれます。

毎日暮らしていると当たり前の存在となっていく家ですが、日々感謝していると、今ここに自分がいることが当たり前だと思わなくなります。自分で自分の意味を見出せる効果が、家への感謝には詰まっているのです。

家での過ごし方の積み重ねが、そこに住む人々の未来や、手に入れた家の資産価値を形作っていきます。

もし「いい家」に巡り会えたなら――あなた自身の心がほっとする空間で、幸せな時間が積み上がっていく未来を築いてください。

そして、ご縁があって売却することになった際も、次の方がぜひ譲ってほしいと思える家にしてあげてください。

家にはお金にならない価値が詰まっている

不動産業界にいて、長らく違和感を抱いていたことがあります。

「不動産は、値段が上がることが正義」ととらえられる側面があることです。

不動産には住む場所としての機能的な面と、投資商品としての面の2つの顔があります。もちろん、資産価値や利回りといった、投資の目線を踏まえたうえで家の購入を決断することは、非常に重要なことです※。

けれども、家は、投資商品ではなく、「人生の一時を過ごす場所」です。

誰もが、毎日を過ごす家を必要としています。そして、豪勢な家、広い家、立地がいい家が、誰にとってもいい家だとは限りません。

家で過ごす時間の積み重ねが、自分自身そのものを形作ってくれます。毎日の小さな幸せを感じられて、心が落ち着く居心地のいい家が、どこにありどんな家なのかは、自分でしかわかりません。

家探しでは、自身の心に向き合ったうえで、「あぁ、ここで毎日を過ごしたい」と感じられる心を持つことが大切です。

だからこそ、最終的に家を決断するときの最大の理由が、投資商品としての家の側面だけに目を奪われて「割安」というセールスの言葉だったり、「このエリアは、資産性が高いから値段が落ちない」というだけで、家を選ぶことはしないでほしいのです。

人生の中で、自分の力でコントロールできるものは多くはありません。外の環境に左右されて、疲れを覚えることもあります。だからこそ、心を許せる、リセットできる、次の日も明るい気持ちで過ごせる「家」という場所は、資産性という数値的な視点だけで選ぶことはできないと思います。

心を整えることは、環境を整えるところから始めることができます。

そして、自分の心が落ち着く居心地のいい家を手に入れることで、さらにオリジナルの生活を始めていけます。

幸せを感じられる家を手に入れることは、目に見えないものの価値を信じ、自分の価値観を信じることを意味します。家にはお金にならない価値が詰まっているのです。

※本書は「不動産」を、住む場所である「家」という観点から、身近に感じてもらうことを目指しました。そのため不動産に関する専門用語はできる限り省いています。実際にご購入される方は、本書と併せて更なる専門知識のトピックも押さえたうえでご検討されることをお勧めいたします。
また、著者も出版社も、不動産売買についていかなる責任も負えませんのでご了承ください。

持ち家女子はじめます
人生に「いいこと」が起こるおうちの買い方

2023年　2月13日　第1刷発行

著者　石岡茜

発行者　大山邦興
発行所　株式会社 飛鳥新社
〒101-0003
東京都千代田区一ツ橋 2-4-3　光文恒産ビル
電話（営業）03-3263-7770（編集）03-3263-7773
http://www.asukashinsha.co.jp

企画協力　ブックオリティ
編集協力　顧文瑜
イラスト　松本瑛花
装丁　上坊菜々子
本文デザイン　荒井雅美（トモエキコウ）
校正　井口崇也

印刷・製本　中央精版印刷株式会社

ISBN978-4-86410-944-4

編集担当　矢島和郎